Franken

...wie es lacht

Franz Schaub

Franken
...wie es lacht

FLECHSIG

Wir danken allen Rechteinhabern für die Erlaubnis zu
Nachdruck und Abbildung. Trotz intensiver Bemühungen war es nicht
möglich, alle Rechteinhaber zu ermitteln. Wir bitten diese, sich an
den Verlag zu wenden.

Sonderausgabe für Flechsig-Buchvertrieb
Genehmigte Lizenzausgabe für
Verlagshaus Würzburg GmbH & Co. KG, Würzburg 2002
© Stürtz Verlag GmbH, Würzburg
Originalausgabe: Verlag Weidlich/Flechsig, Würzburg
Zeichnungen: Edwin Breiden
Gesamtherstellung: Tallers Gráfics
Printed in Spain
ISBN 3 - 88189 - 422 - 5

INHALTSVERZEICHNIS

Lacht mal wieder

»Es ist gewiß, daß die fränkische Bevölkerung die fröhlichste, unbeschwerteste unter den deutschen Stämmen ist. Man hat die Franken die Sanguiniker unter den deutschen Menschensorten genannt«, schrieb Professor Theodor Heuss in einem Aufsatz, der sich »Frankenart« betitelt und der im Jahre 1937 in der amerikanischen Zeitschrift »Sonntagspost« erschien. Der Franke wird als liebenswürdiges Original im besten Sinne des Wortes vorgestellt, »entzündbar, begeisterungsfähig und in zugreifender Art aktiv!« Er sei fraglustig und stets auf eine unromantische Art hilfsbereit, sei unproblematisch und mit sich selbst zufrieden.

So ein Lob blieb nicht ohne Resonanz. Franken wurde zur Touristenattraktion und nur der Krieg unterbrach die Reiselust, vor allem der Amerikaner, die plötzlich etwas mehr als nur Rothenburg in Franken fanden.

Und viel später, als der Krieg zu Ende war und der Frankenfreund Heuss als Bundespräsident amtierte, wurde sein Aufsatz »Frankenart« gerne zitiert, wenn von Franken und den Franken die Rede war. Der nun schon sprichwörtliche Humor milderte vor dem Krieg die Widerwärtigkeiten der Zeit und war im und nach dem Krieg die Garantie für eine heitere Lebensauffassung. Man kümmerte sich um Franken, erforschte seinen Humor und altfränkische Anekdoten wurden neu entdeckt. »Ins Land der Franken fahren« war nicht nur eine Angelegenheit Viktor von Scheffels!

Und so ist es geblieben. Franken ist eine Reise wert und der Humor dieses Landes ist der Inbegriff bayerischer Gemütlichkeit.

Es kommen zwar einige Umstände hinzu, die mitunter die fränkischen Entdeckungsreisen zu Ausflügen zu seltsam sprechenden Völkerstämmen machen. Ist schon die seit 1837 königlich-bayerisch privilegierte Länderteilung eine Tatsache, die der Einheit Frankens nicht entgegenkommt, so tat der Dialekt ein übriges.

Ein Nürnberger beispielsweise wird in Hof wie ein Ausländer angestarrt, wenn er im urnürnberger Dialekt eine Auskunft haben möchte. Er, als »Päiterslasboum« gerne apostrophiert, betrachtet wiederum die Bamberger »Zwiebeltreter« als Ausländer, und wenn ihm gar einer vom Rothenburger Gäu begegnet und behauptet, er sei mit ihm bestimmt »Nei-Beijter-e-Schroll« verwandt, so ist er um jede Antwort verlegen, denn er kann ja nicht ahnen, daß das eine Verwandtschaft über »neun Beete und eine Scholle« oder kürzer gesagt »um vier Ecken« ist.

Gerne sagt man in Franken, vor allem im Untermaingebiet »Losse babbele«, was soviel wie »Laß sie reden« heißt, und die Anlehnung an den rheinhessischen Dialekt ist unverkennbar, denn dort heißt es »bleiwe losse«; aber der redegewandte Franke erhofft immer eine Antwort und »losse babbele« möchte er nicht gerne auf sich selbst bezogen wissen.

Aber was soll zum Beispiel ein Rhöner Bauer in einer Wirtschaft in der Erlanger Gegend sagen, wenn er vielleicht von einem Nachbar gefragt wird »Gämänuniham?«

Er kann ja nicht wissen, daß das »gehen wir noch nicht heim« heißen soll. Und die hier eventuell passende Antwort: »Warte halt noch ein wenig« klingt in Unterfranken ganz anders als in Oberfranken, wo man »Wathaltnuaweng« sagt.

So paßt in Franken eigentlich nichts zusammen. Es gibt keinen einheitlichen Dialekt und somit auch keinen typisch fränkischen Humor. Er ist vielmehr in zahlreichen Formen und Nuancen anzutreffen, hat sich spezialisiert, der Landschaft zugeordnet und ist eine behäbige Variante für Feste und Feiern, die man in Franken nicht zählen kann. Hier gibt es nicht nur Weinköniginnen, sondern auch Apfel- und Mirabellenköniginnen, und von einer »Wasserbraut« wird in einem der folgenden Kapitel noch zu reden sein.

Der »Nürnberger Witz« ist nicht nur auf Nürnberg beschränkt. Dort wurden zwar die Feuerspritze, die Klarinette, der Globus, der Fingerhut und die

8

»Nürnbergischen Eyerlein« erfunden, für die Peter Henlein — nach Edison —
»99 Prozent Transpiration und 1 Prozent Inspiration« gebraucht haben soll,
aber andere Franken waren nicht minder begabt, und »Witz«, altfränkisch
als praktischer Verstand zu verstehen, paarte sich immer mit Humor, so daß
das Lächeln auch die schwierigsten Situationen zu verzaubern vermochte.
Zwar wird in Franken nicht so plump schwadroniert, wie im südlichen Bayern, nicht so vordergründig wie in Schwaben, nicht so spottlustig wie in
Baden, nicht so keck wie im Rheinland, nicht so von oben herab, wie in
Norddeutschland. Hier ist alles gemäßigt und gemütlich. »Kumm i heit net,
kumm i morng«, sagt der Nürnberger. »Tou di fei net derhutzn (abhetzen)«,
sagen sie etwas weiter südlich in Roth oder Ansbach.

Und die Bamberger gar beschwören die steinernen Heiligen, um dem Humor
den rechten Nachhall zu verleihen.

> Hobt Ihr scho drüber nochgedacht
> worum die heilig Kunigund
> dort auf der Untern Brücken drunt
> so freundlich auf uns runterlacht?
>
> Und hobt Ihr drüber nochgedacht
> worum in unserm altn Dom
> der Engl auf der Mauer drom
> johraus, johrein sich freut und lacht?
>
> Die säng halt net bloß des, wos fehlt,
> net bloß, wos schlecht is auf der Welt!
> Säng örscht des Guta, wos do gschicht,
> drum strohln sie mitn ganzn Gsicht!

»Lachendes Bamberg«

Fast ist etwas vom weisen Humor Jean Pauls zu spüren, der in seinen Werken die ganze Welt verlacht und sie nicht ernst nimmt!

»Das Spukkästchen drunten, das Pißbidorchen, das ist der Planet?« fragt er einmal in einer Geschichte, in der vom Höhenflug die Rede ist und die Welt aus der Vogelperspektive betrachtet wird.

So gesehen verlieren alle Hindernisse ihren Sinn und es bleibt nur die Freude. Sie ist vielfach und sogar amtlich in Franken protokolliert und wurde nicht erst von Hans Sachs entdeckt.

Jean Paul, der uns so vergnügte und skurrile Figuren wie das Schulmeisterlein Wuz, den Siebenkäs, Quintus Fixlein und viele andere humorbegabte Persönlichkeiten schenkte, versuchte einmal eine Definition des Begriffs Humor:

»Der Humor, als das umgekehrte Erhabene, vernichtet nicht das Einzelne, sondern das Endliche durch den Kontrast mit der Idee. Es gibt für ihn keine einzelne Thorheit, keine Thoren, sondern nur Thorheit und eine tolle Welt; er hebt — ungleich dem gemeinen Spaßmacher mit seinen Seitenhieben — keine einzelne Narrheit heraus, sondern er erniedrigt das Große, aber — ungleich der Parodie — um ihm das Kleine, und erhöhet das Kleine, aber — ungleich der Ironie — um ihm das Große an die Seite zu setzen und so beide zu vernichten, weil vor der Unendlichkeit Alles gleich ist und Nichts.«

So also ist das. Etwas umständlich ausgedrückt. Im Stil eines vergangenen Jahrhunderts. Der Humor macht Großes und Kleines ohne Unterschied lächerlich. Alles ist ihm nichtig, alles ist ihm aber auch bedeutend.

Transferiert in die moderne Zeit heißt das alles: Lacht mal wieder!

SCHWARZENBERG IN FRANKEN

(Goethe: »Götz von Berlichingen«)

»Schwarzenberg in Franken« heißt der Ort, wo die erste Szene des Schauspiels »Götz von Berlichingen« spielt. Götz war ein fränkischer Ritter und der authentische Schauplatz des berühmten Zitats soll nicht die von Goethe gewählte Burg Jagsthausen, sondern das Schafhaus zu Krautheim im Tal gewesen sein. Aber das ist Nebensache.

Interessant in diesem Zusammenhang ist die Tatsache, daß »Götzens grober Gruß« bereits am 4. Oktober 1454 (Götz wurde 1480 geboren) vor dem Stadtgericht in Bamberg zu Protokoll genommen wurde. Der Bamberger Geschichtsforscher Dr. Konrad Arneth entdeckte die Urkunden in den Bamberger Stadtgerichtsbüchern.

Darin heißt es, daß eine gewisse Agnes Schwanfelder, Gärtnersfrau aus dem Stadtteil »Theuerstadt«, im Verlaufe eines hitzigen Dialogs den Chorherrn Hans Schwab unflätig beschimpft habe. Mit welchen Worten steht genau dabei! Ob eine Bestrafung erfolgte, ist ungewiß. Aber es folgte eine Belobigung für die mutige, sicher zu recht erregte Bamberger Gemüsefrau.

Ein paar hundert Jahre später zwar, aber was macht das schon aus! Nach dem letzten Krieg, in einer Zeit drückender Sorgen und nicht ganz leichter Kommunalpolitik, bewiesen die Bamberger Stadträte gesunden Humor. Sie benannten eine Straße nach Agnes Schwanfelder! In Bamberg gibt es seitdem eine »Agnes-Schwanfelder-Straße« und damit den amtlichen Beweis, daß der Schwäbische Gruß fränkischen Ursprungs ist und daß fränkische Frauen ein noch besseres Mundwerk haben, als schwäbische Ritter!

Das fränkische Amtsdeutsch ist heiter und voller Gemüt. Man konnte sich nie dem Witz verschließen, wenn er »schlitzöhrig« seine »herzgebobbelte Dingelcher« — wie sie in Unterfranken sagen — präsentierte.

Als Fürst Friedrich Ludwig von Hohenlohe, der einmal preußischer Sonderbeauftragter war, auf Napoleons Wunsch, Großherzog von Franken werden sollte, lehnte er höflich ab und ließ mitteilen, daß er als deutscher Fürst ein deutsches Herzogtum nur aus den Händen eines deutschen Kaisers annähme. Hätte er zugegriffen, wäre das leidige Südweststaatproblem schon damals gelöst worden oder überhaupt nicht entstanden. Friedrich Ludwig hatte »kaa Zeit«, als endlich Friede war und kümmerte sich um sein Ingelfingen, wo er residierte. Kleine Grenzen waren besser zu überblicken, als große Ländereien. Ingelfingen war eine Absage wert! Wenn die Einheimischen den Namen dieses Städtchens aussprechen, dann klingt das wie Musik. Zwei Töne zu hoch vielleicht. Aber das ist typisch für Franken, wo es eine Vielzahl von musikalisch und seltsam klingenden Namen gibt, deren Bedeutung einem Außenstehenden Rätsel aufgeben.

Weibersbrunn, Mensengesäß, Sterbfritz, Aufsess, Wasserlos, Hosenfeld, Magdlos, Schalkhausen — und wie sie alle heißen. Wer sich einmal die Mühe machen würde, die kuriosen Namen zu sammeln, bekäme für diese Zusammenstellung vielleicht auch einen Preis wie weiland eine Schulklasse in Bamberg für ihre »Auf-Gabelungen« in der Schülerzeitschrift, die sie im Schatten des »Gabelmann« (barocker Neptunsbrunnen am Grünen Markt in Bamberg) zusammengestellt haben. Das Redaktionsteam wurde schließlich mit dem Theodor-Heuss-Preis ausgezeichnet. Soviel Verständnis hat man für Humor in Franken!

Und ganz am Rande liegt Cleversulzbach, abseits und verschwiegen. Wer kennt Cleversulzbach? Dort war Eduard Mörike von 1834—1843 Pfarrer und er liebäugelte so gerne mit den reichen Pfründen seiner katholischen Kollegen, die in so prunkvollen fränkischen Residenzen wie Vierzehnheiligen, Dettelbach, Kloster Banz, Pommersfelden, Staffelstein oder in so liebenswürdigen Oasen der Stille wie »Käppele« bei Würzburg, amtieren durften. Man erzählt sich, daß er gerne die Besucher, die aus der reichen fränkischen Gegend gekommen waren, gefragt habe, ob sie etwas mitgebracht hätten.

12

»Grüß Gott, wo kommsch her?«
»Von drheim!«
»Was willst?«
»Zu Euch will i!«
»Host was mitgebrocht?«
»Nei.«
»Wo hosch was?«
»Bei mir drheim.«
»No geh'sch heim und hol'schs!«

Jean Paul hat seiner Geburtsstadt Wunsiedel recht liebenswürdige Worte
der Erinnerung gewidmet:

> »Ich bin gern in dir geboren, Städtchen am langen, hohen Gebirge,
> dessen Gipfel wie Adlerhäupter zu uns niedersehen! Deinen Berg-
> thron hast du verschönert durch die Thronstufen zu ihm; und deine
> Heilquelle gibt die Kraft — nicht dir, sondern dem Kranken —,
> hinaufzusteigen zum Thronhimmel über sich, und zum Beherrschen
> der weiten Dörfer — und Länderebene. Ich bin gern in dir geboren,
> kleine, aber gute, lichte Stadt.«

*

Friedrich Rückert dagegen betonte sehr drastisch, daß der Name Schweinfurt für eine so hübsche Stadt unpassend sei:

> »Über deiner Rathaus-Einfurth
> steht gehau'n in Stein
> das Geschöpf, nach dem du Schweinfurt
> sollst benamset sein.
> Kann man eine Stadt erbauen,
> um den Namen dann
> ihr zu geben, den mit Grauen

man nur sagen kann?
Hättest Main-furt, hättest Wein-furt,
weil du führest Wein,
heißen können, aber Schweinfurt,
Schweinfurt sollt' es sein!
Doch die Schuld nicht des Erbauers
brachte dir die Schand':
Ach, nur eines Steinbildhauers
ungeschickte Hand!«

In der Rhön heißt es:
»Mürscht hat's Geld« (Münnerstadt)
»Neuscht hat'n Stolz« (Neustadt)
»Mellerscht hat's Feld« (Mellrichstadt)

In Hohenlohe aber sind die Namen der freundlichen Städtchen bereits dem allgemeinen Sprachgebrauch angepaßt und dort heißt es:
nach Craalse (Crailsheim) nuff
nach Kinzelse (Künzelsau) num
nach Märchedoohl (Mergentheim) niwer
nach Hall (Schwäbisch-Hall) nei
nach Öhringe noo,
aber — nach Schtuegert (Stuttgart) ... hinter!
Stuttgart liegt hinter den Grenzen und wird in Franken nicht weiter beachtet.

✳

Franken soll »eine harte Nuß in Bayerns Maul« sein, wie Eugen Skasa-Weiß betont, ist aber eher ein vortrefflich gebackener »Zwetschgakucha« (Zwetschgenkuchen), immer gut verdaulich im großbayerischen Magen.

Auch das »letzte Schwanzhaar am Schweif des bayerischen Löwen« wedelt nicht bayerisch, sondern fränkisch! Die Menschen in diesem Land lassen sich nicht so schnell unterkriegen.

»So lang mr singt, isch die Kärich net aus!«
sagen sie in Weikersheim, und sie singen tapfer weiter, manchmal auch mit ein paar falschen Tönen. Was macht das schon aus!
In den »Bekanntmachungen« aus Stadt und Dorf purzelt gerne der unfreiwillige Humor und ist umso köstlicher.

Erste Bekanntmachung:
»Wer ein Kind haben will soll sich mit dem Bürgermeister
in Verbindung setzen.«
(Text auf einer Ortstafel einer Gemeinde bei Bamberg, die sich bereiterklärt hatte, Berliner Kinder aufzunehmen).

Zweite Bekanntmachung:
»Wenn bis Samstag die Misthaufen in der Fischergasse nicht
entfernt sind, wird sich die Polizei hineinlegen.«

Dritte Bekanntmachung:
»Student sucht Zimmer mit Klavier und Bett,
worin Unterricht erteilt werden kann.«

Vierte Bekanntmachung:
»Der Butterkeller von Sebastian Meier ist ab heute
eine Treppe hoch.«

Fünfte Bekanntmachung:
»Herr Gottfried Niedermeier, der einzige noch lebende
Kriegsveteran, ist gestorben.«

Sechste Bekanntmachung:
    »Mit den von Wohltätern gespendeten 20 paar Unterhosen
    konnten viele Tränen getrocknet werden.«

Siebente Bekanntmachung:
    »Im Seitengebäude der Gemeindekanzlei sind drei
    durcheinanderlaufende Zimmer ab sofort zu vermieten.«

Achte Bekanntmachung:
    »Ein aus neun Köpfen bestehender Familienvater bittet edle
    Menschenfreunde um milde Gaben.«

Neunte Bekanntmachung:
    »Goldener Siegelring verloren. Wer ihn Gartenstraße 20 abliefert,
    erhält täglich von 9 bis 10 Uhr vormittags gute Belohnung.«

Zehnte Bekanntmachung:
    »Dem verehrten Publikum wird bekanntgegeben, daß die Frau des
    Menageriebesitzers eingetroffen ist, und daß ab sofort die
    Menagerie vollzählig gezeigt werden kann.«

Freudiges Ereignis

Nach mehrjähriger Unterbrechung hatte Wintersbach wieder einmal ein so
sehr geliebtes dörfliches Fest. Es war dazu ein doppelter Anlaß gegeben.
Die Freiwillige Feuerwehr konnte auf ihr 90jähriges Bestehen zurückblicken
und man konnte zum zweiten ein »freudiges Ereignis« verbuchen: Ein neues
Löschfahrzeug wurde in den Dienst der Feuerwehr gestellt. Daß man der
Freude über das Erreichte mit festlichem Gepränge Ausdruck verlieh, war
zu verstehen.

Aus einer fränkischen Zeitung

In einem Dorf im Frankenwald mußte einmal im Krieg, als fast alle wehrfähigen Männer an der Front waren, eine Ersatzfeuerwehr aufgestellt werden und als Kommandant wurde der Aodl-Hann bestimmt. Das Bezirksamt beförderte ihn zum Feuerwehrkommandanten. Er war nie Soldat und nie »Feierwehrler« gewesen, aber das störte ihn weiter nicht. Am meisten hatte er vor den Kommandos Angst.
Am Sonntag nach dem Kirchgang war es dann soweit. Um elf Uhr standen die neuen Wehrmänner auf dem Dorfplatz und Aodl-Hann mußte kommandieren.
Mit Donnerstimme brüllte er über den Platz:
»Ganze Abteilung mitn Aorsch ans Stoddltor wej värtn!« (wie voriges Jahr!)
Und die Abteilung stand »wej värtn!«

Der »Feuerwehrbericht« eines kreuzbraven, aber mit der Sprache nicht zu Rande kommenden Feuerwehrkommandanten — da und dort immer noch gerne zitiert — soll in einem weltabgeschiedenen fränkischen Dorf entstanden sein. In dem Bericht stehen unter anderem so prägnante Sätze:
»Das Feuer entstand durch Irrsinnigkeit des Anton Kraxenberger oder weil Kinder zum Schweinefüttern verwendet wurden. Es laufen verschiedene Gerüchte im Dorfe herum. Der Feuerlärm geschah durch Läuten der Glocken vorschriftsmäßig. Das Feuer wurde gelöscht durch tragende Mädchen, sowie durch Einschütten derselben in die Spritzen, sowie durch Saugen der Feuerwehrleute am Hydranten. Die Brandbekämpfung leitete der zweite Vorstand, weil es beim ersten Vorstand in der Oberstube brannte. Gerettet wurde ein Kleiderkasten, eine Kuh welche gestohlen wurde, die Großmutter des mut-

maßlichen Brandstifters und noch eine alte Sau. Das Rindvieh rannte beständig in das Feuer hinein, welches eingesperrt wurde.

Der vorgeschriebene Brand hat gelehrt, daß das Spritzenhaus nicht so weit von der Brandstätte entfernt sein soll.«

Sorgen des Bürgermeisters

In einem Dorf war Kirchweihfest. Die Jugend freute sich aufs Tanzen und wollte Polizeistundenverlängerung haben. Der Bürgermeister aber hatte dafür kein Verständnis und sorgte dafür, daß um Mitternacht Schluß gemacht werden mußte. Darüber waren die jungen Burschen sehr erbost und beschlossen, den Bürgermeister zu ärgern. Sie belegten den Eingang seines Hauses mit Kuhmist. Dies taten sie dreimal des Nachts hintereinander. Am vierten Tag schrieb der Bürgermeister in erregtem Zustand folgenden Bericht an das zuständige Landratsamt: »Es herrschen hier Zustände, die ich auf die Dauer nicht ertragen kann. Dreimal nachts hintereinander haben hiesige Burschen Schweinerei vor Türe und Fenster gemacht. Das erstemal habe ich es hinuntergeschluckt, das zweitemal habe ich meinen Mund auch noch darüber gehalten; aber nun das drittemal betrachte ich es als ein gefundenes Fressen für den Herrn Landrat, das ich Ihnen hiermit vorlege.«

Im Gemeinderat

Der Bürgermeister: »Ich habe den Fall einer schwierig gelagerten Flüchtlingsfrau im Auge . . .«

Hochspannung

»Vorsicht! Hochspannung! Lebensgefahr! Nicht berühren, wirkt sofort tödlich! Zuwiderhandelnde erhalten acht Tage Haft.«

Wie Alabaster

Als in Bamberg das Stadtbad gebaut werden sollte, gab es darüber erregte Debatten im Stadtrat. Die einen waren dafür, die anderen dagegen und scheuten die Kosten. Ein alter Gärtner protestierte leidenschaftlich:

»Ich bin etzt scho übä siebzich Johr alt und hob mich mei Lebtag nu net gäbädn (gebaden), äbä mei Haut ist heut nuch so weiß wie Alabastä!«

Ganz einfach

In einem Spessartdorf sollten ein neues Gemeindehaus und ein Ochsenstall gebaut werden. Deshalb wurde eine Gemeindeversammlung einberufen und der Bezirksbaumeister zu dem Plan gehört. Nach längeren Debatten sagte der Bezirksbaumeister:

»Die Gemeinde muß sich jetzt entscheiden, ob sie für jedes Gebäude einen eigenen Plan haben möchte oder ob der Ochsenstall ans Gemeindehaus angebaut werden soll.«

Ein Bauer bat ums Wort und erklärte:

»Ich män, e Plan fers Gemeendehaus wär genug, es werd dann immer noch soviel Platz drin gewwe, daß mer e Paar Ochse drin unnerbringe kann.«

Kirchen genug

In Bamberg fehlte es an öffentlichen Bedürfnisanstalten. Das war auch die Meinung von Maler Ostertag. Als die Kirche zum Heiligen Geist wieder von ihm renoviert wurde, kam der Herr Geistliche Rat zur Inspektion:

»Das war doch Zeit, daß dieses ehrwürdige Haus wieder renoviert wird, das meinen Sie doch auch.«

Aber der Maler schüttelte mit dem Kopf:

»Wissen Sie, Herr Rat, Kerng (Kirchen) häm mä in Bamberg gänung, äbä a poor Scheißhäusa könntn mer braung (brauchen).«

Öffnungszeiten

»Die Toiletten an der Brentanostraße sind an allen Tagen von 7.30 bis 17.00 Uhr geöffnet. Bisher waren sie an Wochenenden — für die Krankenhausbesucher — nur zusammen mit dem Kiosk offen.«

Aus einer fränkischen Zeitung

Die Zeitung berichtet

»Mit einem gut gelungenen Sommerfest wartete die Kirchengemeinde Hessenthal am vergangenen Wochenende auf. Viele Besucher waren am Samstagabend zur Eröffnung des Festes mit einem Lagerfeuer gekommen, um sich von den Hessenthaler Blasmusikern bei einer Maß Bier frisch vom Faß unterhalten zu lassen.«

Aus einer fränkischen Zeitung

Druckfehler

In den Jahren, da es noch einen deutschen Kronprinzen gab, meldete das Bayreuther Tageblatt im festlich fetten Druck: »Wie wir soeben erfahren, wird der morgigen Meistersingeraufführung auch seine Kaiserliche Hoheit, der deutsche Kornprinz beiwohnen.«

Die nächste Nummer brachte folgende Berichtigung:

»Zu unserem großen Bedauern hat sich in unsere gestrige Ausgabe ein ärgerlicher Druckfehler eingeschlichen. Es muß in der Festspielnotiz statt Kornprinz natürlich Knorrprinz heißen.«

Eine zweite Berichtigung verbot die Behörde.

Nachricht

Ein junges Dienstmädchen versuchte sich aus Liebeskummer zu vergiften. Man brachte das Mädchen sofort nach Erlangen in die medizinische Klinik. Es dürfte aber trotzdem mit dem Leben davonkommen.

Anzeigen

Ein in Hemden gut eingenähtes Fräulein findet leichte Beschäftigung. Wo sagt die Expedition.

Jüngling zum Kirschenpflücken gesucht. Frau von Mansberg, Lufthof.

Befehl des Amtsboten

In einem Dorf saß der Flickschuster, weil er mit seiner Arbeit nicht nachkam einmal auch sonntags an seinem Platz und werkelte. Der Schusterlärm störte den Bürgermeister und der schickte den Amtsdiener, damit er den fleißigen Schuster zur Ruhe und an das Sonntagsgebot ermahne, denn es war Himmelfahrtsfest und nirgends wurde gearbeitet. Der Amtsdiener klopfte beim Schuster ans Werkstattfenster:
»'s is Himmelfahrt, Meister!«
Der aber rief zurück:
»Geht mi nix ou — i fohr net mit!«

Gespräch in Oberfranken

Die alte Margarethe sieht in einem Kolonialwarenladen eine Zeitung und darin einen Bericht mit einem großen Trauerrand.
»Wer isn gstaorm? (gestorben)
»Dr Papst.«

»Papst, Papst? Wer isn der?«
»Naa, des is dr Öberscht vern Kathaolischna.«
»Wost nit saogst. Wu wohntn der?«
»In Rom.«
»Ja, dej neia Vertl in Helmetz (Helmbrechts)
kenn ejch nimmer su und mir hot halt dej Leit
a noning gsähng (gesehen).

Die Wasserbraut in Steinbach

Zum Auftakt des Wasser- und Bezirksfeuerwehrfestes hielt Pfarrer Holderbach in der Steinbacher Kirche einen Festgottesdienst, an dem die ganze
Gemeinde — die Feuerwehr in Uniform — teilnahm und den der Steinbacher
Gesangverein unter der Leitung von Hauptlehrer Gellert durch die Deutsche
Messe von Schubert verschönte. Der Geistliche ging in seiner Predigt auf
die Bedeutung dieses Tages für die Gemeinde ein. Durch das festlich ge-
schmückte Dorf — sogar die Brunnen waren bekränzt und mit Aufschriften
wie Herzlichen Dank für das bisher gespendete Naß — versehen, ging es
dann in feierlicher Prozession zum Betriebsbehälter neben dem Friedhof,
wo eine erhebende Feierstunde stattfand, die der Gesangverein mit dem
Lied »Ich suche dich« einleitete. Pfarrer Holderbach weihte zunächst das
Wasser, dem er Salz hinzufügte, und dann die Quelle und den Quellauf.
In einem Weihegedicht schilderte die Wasserbraut, die Tochter des Bürgermeisters, die Bedeutung des Wassers und dann klang die Feier mit dem von
der Gemeinde gesungenen und der Steinbacher Kapelle gespielten Choral
»Großer Gott wir loben dich« aus.

Aus einer fränkischen Zeitung vom 1. Juni 1954

Ordnung muß sein

Ein Polizist verfolgt in Bad Kissingen einen Mann, der wie ein Vagabund aussieht und holt ihn schließlich ein. »Folgen Sie mir auf die Polizeiwache!« »Weshalb«, fragt der Verfolgte. »Sie haben sicher keine Papiere«, meint der Polizist. Da zieht der Mann seine Papiere hervor und zeigt sie. Polizist:
»Ja, weshalb laufen Sie denn so?
»Ich habe Kissinger Wasser getrunken, und da hat mir der Doktor Laufen verordnet!« — »Sie haben aber doch gesehen, daß ich hinter Ihnen herrenne!« — »Ich habe gemeint, Sie hätten auch Kissinger Wasser getrunken!«

Amtsbote im Landkreis Nürnberg:

»Etzt werds ma oba zu dumm. Wenn ich sechs moal zu Ihna mit da Rechnung kumm, dann sen Sie dreimoal davo verreist — und treff i Sie wärkli amoal daham, dann homms ka Gööld!«
»Na, is doch ganz kloar, Masta. Ohne Gööld koh i doch net verreisn!«

Bericht an die Regierung

Bei einer Visitation eines Regierungsbeamten erregten einige Zigeunerwagen am Dorfrand das Mißfallen des Beamten. Er bat den Bürgermeister um einen Bericht, aus dem hervorgehen könne, wie oft sich in letzter Zeit Zigeuner im Dorf aufgehalten hätten. Bald ging der Bericht ein:
»Dem Herrn Regierungsinspektor teile ich mit, daß sich seit dessen letztem Hiersein ein derartiges Gesindel in der hiesigen Gegend nicht mehr herumgetrieben hat.«

*

Der Humor ist in Franken auch bei den oft zu Unrecht als streng oder hochnäsig bezeichneten Behörden anzutreffen. Ein liebenswürdiges Beispiel lieferte das Bauamt der Stadt Aschaffenburg das im Jahre 1955 den Bürgern, die sich — frei nach Homer — über den Zustand einer Straße im Vorort Schweinheim beschwert hatten, auch — frei nach Homer — antwortete.

Bürgerbrief:

»O Wanderer,
kommst Du einmal nach Schweinheim —
Hüte dich
dort den Weg zu den Toten zu gehen!

Riesige Mengen strömenden Wassers,
gefallen aus drohenden Sturmeswolken,
zerstören dort Wege und Fußpfad!
Wild zerklüftet ist's dort, mit Steinen besät,
wo einst war gangbarer Wegsteig!
Bewohner dortiger Gegend kommen nun heut
zu Dir,
o hoher Senat, zu wenden des Übels!
Um zu verhüten
Knochenbrüche und sonst'ge Gebrechen
des menschlichen Körpers!«

Brief des Senats:

»Oh, du trefflicher Bürger der Haidbergstraße zu Schweinheim,
Was ist Dir die Ader des dicht'rischen Flusse so spät erst geplatzt!
Denn siehe, die weise Erkenntnis, die Du so kunstvoll in Verse gepreßt,
Hat den hohen Senat dieser Stadt schon im Frühjahr so glücklich beseelt,
Daß in des Haushalts gesetzlichem Plane Dein Wunsch schon vorher
erfüllt ward:
Der Markstücke wohlbemessene Zahl ist dort schon huldvoll bewilligt,
Um Dir und Genossen den Weg in die Zukunft zu ebnen.
Zu zähmen des Wassers Gewalt auf des alten Feldweges ach so holpriger
Fläche.
Bevor noch der Winter die eisige Herrschaft beginnt,
Wird die Straße, die neue, erglänzen in städtischer Güte!
Dies freut sich zu künden das Tiefbauamt dieser Stadt
Und auch Dein Dich bestens grüßender Baurat F. Vomberg.«

BIERFRANKEN · WEINFRANKEN · KNOBLAUCHSLAND

Die Einteilung des fränkischen Landes in Ober-, Mittel und Unterfranken ist akurat amtlich, genau und unmißverständlich. Bei dieser Einteilung wird der Nachbar respektiert und sein »Ländle« nicht angetastet. Wer heute von Franken spricht, darf nicht an das ruhmreiche territorium imperii denken, das einmal von Karl dem Großen dazu ausersehen war, das Kernland des Reiches zu bilden. Was man heute gemeinhin als Franken bezeichnet, wurde von Kaiser Maximilian I. geschaffen; es ist der fränkische Kreis mit Odenwald, Spessart, Rhön, Thüringer Wald, Frankenwald, Fichtelgebirge, Fränkischem Jura und all den in Franken mit liebenswürdiger Dialektik ausgezeichneten Landschaftsteilen, die als Gau oder Gäu bezeichnet werden und wieder viele Untertitel haben, wie es hierzulande so üblich.

Albrecht Dürer, der Nürnberger, zeichnete um 1518 den Kaiser, der sehr darauf bedacht war, daß man schon zu Lebzeiten seine Taten künde und der selbst zur Feder griff, wenn es galt, fränkische Art als fränkische Ritterlichkeit gebührend herauszustellen. Selbst ein trinkfester Zecher, wie es einem edlen Ritter, in zahlreichen Fehden und Kriegen bewährt, zustand, hat er zwar vom Weinland Franken gerne geschwärmt, der »Bierfranke« aber war ihm nicht so geläufig und ein »Knoblauchsland« war ihm fremd. Erst späteren Zeiten blieb es vorbehalten, das Frankenland in drei kulinarisch angehauchte Gebiete zu teilen. Der Oberfranke — derb und schwerfällig — wurde zum »Bierfranken«, der Unterfranke — witzig und regsam — bekam aus gutem Grund den Namen »Weinfranke« und der pfiffige Bauer in Mittelfranken ist mit seinem »Knoblauchsland« zufrieden.

Als am Beginn des 19. Jahrhunderts E. T. A. Hoffmann nach Bamberg kam und dort die reizende Julia Marc kennenlernte, jenes Mädchen, das ihn zu seinen besten Werken inspirierte, hob er an seinem Stammtisch in der »Theaterrose« mehr als einmal sein Glas, um fränkische Humoresken zum Besten zu geben und um der nicht anwesenden Geliebten zuzuprosten, — sehr zum Ergötzen seiner Freunde. Julia war damals 15 Jahre alt und hatte im Kreise trinkfester Zecher nichts zu suchen. Ihr Geist aber war immer dabei, wie E. T. A. Hoffmann gerne betonte. Und wer seine Werke kennt, der weiß genau, daß die Donna Anna in »Don Juan«, die Aurelia in den »Elixieren des Teufels« und die Cäcilia in der heiteren Familiengeschichte »Nachrichten von den neuesten Schicksalen des Hundes Berganza« auch Julia heißen könnten.

Der Oberfranke besitzt eine sprichwörtliche Bierruhe.
»Ich glaab ich werd krank. Die fünft Maß Bier schmeckt mer nimmer . . .« sagt er gerne.

Die Bamberger zum Beispiel sind auf ihr Bier ganz besonders stolz. Sie trinken ihr »Rauchbier« am liebsten im »Schlenkerla«, oder sie fahren hinaus nach Schammelsdorf, wo ein Wirt ungespundetes Bier ausschenkt, das ganz besonders gut munden soll. Die Bamberger werben gerne mit dem Spruch:
»Bamberger Hörnla, Gemüs und a Bier bäckt, baut und braut kaner besser als mir!«
Vom Bier sprach übrigens auch der Bayreuther Bankier Emanuel Osmund, der im Jahre 1804 an seinen Freund Jean Paul folgenden Brief sandte:
»Was wir Bayreuther sonst sind und haben? Gutes Bier haben wir. Sonst — wir sterben nicht zu zeitig, auch nicht zu spät. Wir sind nicht ganz gut, aber auch nicht ganz bös. Wir sind nicht ganz gescheit, aber auch nicht ganz

dumm. Wir zeichnen uns eigentlich dadurch aus, daß wir uns in nichts auszeichnen. Unser Klima ist mittelmäßig, so auch unser Land, unsere Landschaft, unsere Verfassung, Lebensgenüsse, Preise und Einkünfte — unser Charakter ist Mittelmäßigkeit.«

Etwas glücklicher war sicher Friedrich Rückert, der sich lieber in »Weinfranken« als in »Bierfranken« aufhielt:
Wein ist der Glättstein des Trübsinns,
der Wetzstein des Stumpfsinns, der Brettstein des Siegers im Schach.
Ja, Wein ist der Meister der Menschen und Geister,
der Feige macht dreister und stärker, was schwach.
Der Krankes gesund macht, Blaßwangiges bunt macht,
Verborgenes kund macht und Morgen aus Nacht!

Und viel später schrieb Friedrich Schnack im gleichen Geiste:
Die gute Heimat muß ich feurig preisen:
Hier wohnte Friedrich Schnack in einem kleinen Haus,
Er sah den Main zum fernen Rheine reisen
und lobte Gott und trank den Weinkrug aus.

Und Anton Schnack meinte in einer Weinschenke in Würzburg:
»Denn es währet nicht mehr lange, ein halbes oder ein ganzes Stündchen, und ich bin des Weines voll und kann nur noch mit aller Welt lächeln. Lächeln mit der Madonna in Neumünster, mit dem milden Pfarrergesicht hinter der Flasche, mit der Säule am Vierröhrenbrunnen, mit den Heiligen auf der Mainbrücke, mit der fränkischen Brezelfrau, mit den Bratwürsten auf dem zischenden Rost. Lächeln, nur lächeln, bis ich selig wie ein von allen Sünden freigesprochener Pilger einschlaf.«

Einundzwanzig verschiedene Rauscharten zählt man in Franken: Spitzl, Haarbeutel, Affen, Nebel, Düsel, Räuscherl, Zopf, Tampes, Brummer, Sabel, Brand, Suff, Rausch, Fetzenrausch, Ordonanz-Rausch, Kanonen-Rausch, Kapital-Rausch, Mords-Rausch, Bauern-Rausch, Viechs-Rausch, Sau-Rausch.

Unzählige »Weinsprüche« gibt es in Franken. Der Würzburger Mundartdichter Willy R. Reichert — stellvertretend für viele — notierte:

Eh Tropfm Schwääß —
Zäha Tropfm Wei
Sou sogn die alta Leut.
In Wengert seid racht lusti fei
Und trinkt ner fest
Und schwitzt ner glei
Und schpätzt in euer Hend fest nei
Und schafft euch richti hääß,
Daß euer Haufm Schwääß
An Haufm Schöppli geit!

Es gibt gute und schlechte Weinjahre. Danach messen die fränkischen Weinbauern die Zeit.
»Selbst gebaut!«, sooche d Simbertschhäuser (Simprechtshausen bei Gerabronn) wenn's an guete Moust gewe hat. »Sou hatn unser Herrgott wachse lasse«, sooches, wenn's a Sauerampfer is.
Ob Bier, ob Wein, ob »Sauerampfer« oder guter Jahrgang, eines ist gewiß: In Franken trinkt man gerne, und die »Bieruhr«, die man beim Genuß aller alkoholischen Getränke verwenden kann, konnte — in unserem Jahrhundert — nur in Nürnberg erfunden werden. Es handelt sich um einen Bier-Untersetzer mit Ziffernblatt, das vom Bedienungspersonal mit einem Spezialschlüssel geschaltet werden kann. Der Erfinder beteuerte, daß der

Einsatz der »Bieruhr« alle Meinungsverschiedenheiten zwischen Gast und Bedienung beim Bezahlen der Zeche ausschalte. Daß sich die Bieruhr nicht durchgesetzt hat, ist Erfinderschicksal. Vielleicht gab es mißtrauische Gäste, die annahmen, der Kellner könne mit seinem Schlüssel auf der Bieruhr statt einer Zahl gleich zwei weiterschalten. Wer ein »Räuscherl« hat, könnte die Bieruhrschaltung noch überwachen, beim »Kanonen-Rausch« dürfte die Aufmerksamkeit etwas getrübt sein!

Ein fränkisches Sprichwort sagt:

»Man darf einem Gasthaus nicht trauen, auch wenn es einen Engel im Schild führt«, aber sicher stimmt das nicht immer.

Das Gasthaus »Zum Engel« in Amorbach gehörte einem Herrn Teufel, und nach dem Krieg — elf Jahre lang — hieß der Pächter Judas, und trotzdem konnte man dort eine weinbeschwingte Himmelfahrt erleben, wenn nicht alle guten Geister dagegen waren, so daß eine Höllenfahrt daraus wurde, wie es weiland dem Bäuerle »Koorle« aus Forchtenberg passiert sein soll, als er nach Ernsbach im Kochertal zur Mühle neben dem alten Eisenhammer fuhr:

Als der Koorle eines Morgens wieder nach Ernsbach kam, sagte der Müller: »Koorle, kousch auf da Kore warte«. (Kannst auf dein Korn warten.) Der Koorle ließ sich das nicht zweimal sagen, ging ins Wirtshaus und vertrieb sich die Zeit mit einigen »Viertelen«. Es wurde Mittag, es wurde Spätnachmittag, und dem Koorle dämmerte, daß er auch nach seinem Mehl schauen könnte. Er machte sich Richtung Kocher sehr schwankend auf den Weg, stolperte über einen Stein und blieb der Länge nach auf der Straße liegen, ungefähr vor dem Eingang zum alten Eisenhammer, den einst das Haus Hohenlohe betrieb. Die rußigen Gesellen, die vor dem Hammer arbeiteten, hatten das bemerkt, kamen herbei und trugen den vom Wein berauschten Koorle in den Vorhof des Eisenhammers und legten ihn dort auf ein paar Säcke. Langsam kam der Koorle wieder zu sich und wachte auf. Er sah die

Gesellen mit ihren Lederschürzen, ihren rußigen Gesichtern und ihren langen Eisenstangen und er sah das Feuer aus den Essen sprühen. Mit einem gewaltigen Erschrecken wandte er sich an den nächsten der Gesellen und flehte mit weinerlicher Stimme:
»Liawer, liawer Herr Oberdaifel, i waaß woul, daß i in der Höll bin, i waaß woul, daß i em Rausch gestorwe bin, aber liawer Herr Oberdaifel, gewe's mr a gnädiche Stroof!«

Es gibt in Franken genug Anlässe, Einladungen und Aufforderungen zum Glase zu greifen und zu trinken. Man muß nicht unbedingt in einem der weinseligen Dörfer, wie Escherndorf, Iphofen, Rödelsee, Sulzfeld, Homburg und wie sie alle heißen zu Gaste sein, um dies zu erkennen.

> Freunde, trinkt! Vertagt die Sorgen
> auf morgen oder übermorgen!
> Pflegt eure Sorgen wie den Wein!
> Auch Wein will abgelagert sein.
> Man ärgert euch noch früh genug,
> genießt das Leben Zug um Zug.

Das behauptet Ado Kraemer, und Freiin Carola von Crailsheim-Rügland schrieb einmal:
»Bei den Bäcks drängt sich das Leben. Denn in Würzburg haben die Bäcker die Konzession des Weinausschanks. Kleine Stuben, braungetäfelte, wogen von Gesichtern. Bocksbeutel schimmert auf den schlichten, hölzernen Tischen. Über Bürger, Studenten und Fremden brennen friedlich alte Lampen. Fischer und Regierungsräte, Droschkenkutscher, angesehene Meister,

Handwerker und Professoren sitzen in bunter Reihe. Gespräche laufen durcheinander, oft aber führt ein Einzelner das Wort und alle lauschen. »Stein« und »Leisten« umschließen für Stunden alle Menschen mit Brudergefühlen. Sie löschen die Grenzen aus, sie ebnen die Kluft der sozialen Unterschiede. Sorgenbrecher sind sie und Hoffnungsschenker. Und was für Namen haben die Bäcks: Johanniterbäck, Fiskalbäck, und der köstlichste von allen, der mutwilligste, lustigste: »Maulaffenbäck!«

(»Stein« und »Leisten« sind berühmte Würzburger Weinnamen)

Es muß nicht immer Bier oder Wein sein, was zum Fröhlichsein aufmuntert, es kann auch ein »Äppelwoi« sein, dem besonders der Spessarter Bauer heute noch gerne frönt.
Daß aber auch das fränkische Wasser eine Köstlichkeit ist, besonders wenn es aus den Quellen der fränkischen Heilbäder kommt, das hat der Dichter und Kanzleidirektor Friedrich Leopold Göckingk, der Herausgeber des »Göttinger Musenalmanachs«, dem Goethe die Anregung zu seinem Versepos »Hermann und Dorothea« verdankt, mehrfach bewiesen.
»Das helle, kalt scheinende, perlenreiche, geistige, elektrische Stahlwasser sprengt Bouteillen und Krüge, wenn es nicht Raum genug hat, treibt Korkstopfen mit einem Knalle in die Höhe wie gärender Champagner, steigt in langhälsigen Karaffen oft um einen halben Zoll höher, besonders, wenn man sie in warmen Händen hält, ja es erzeugt bei manchen eine Art Berauschung!«

Das Bäuerlein, das aus einer Gastwirtschaft im Taubergrund kam, hatte aber bestimmt kein Wasser getrunken, als es behauptete:
»Jetzt gäh i zum Brickabeck, hol mir an dicka Weck, stell man Stecka weg. Bis e raus kumm vum Brickabeck mit mam dicka Weck, isch ma Stecka weg!«

Falsch geweckt

Ein Gast verlangt in einem Hotel ein Zimmer und sagt dem Portier bei der Anmeldung, daß er am nächsten Tag vormittags um sieben Uhr geweckt werden möchte. Der Portier macht die entsprechende Notiz. Der Gast besucht aber noch das Gastzimmer und gerät in die Gesellschaft einiger trinkfester Gesellen. Er trinkt sich einen Rausch an. Als er sich erhebt, um auf sein Zimmer zu gehen, wankt er bedenklich und die Zechbrüder begleiten ihn. Vorher aber leisten sie sich noch den Witz und beschmieren sein Gesicht mit schwarzer Farbe. Der Gast geht zu Bett und schläft sofort ein. Pünktlich um sieben Uhr wird er geweckt. Mit schwerem Kopf steht er auf. Als er an den Waschtisch tritt und im Spiegel den »Schwarzen« sieht, ruft er: »Der Dunner. Do hot des Schinnos de Falsche uffgeweckt!« Und er kriecht wieder ins Bett!   (Schinnos = Schimpfwort im Mainfränkischen)

Brillenträger

Einem anderen erging es ähnlich. Er schaut nach durchzechter Nacht in den Spiegel und ein bärbeißiges Gesicht grinst ihn an. Da schlägt er zu. Das Glas zerspringt. »Entschuldigen Sie«, stammelt der Zecher, »hob nit gewußt, daß Sie ne Brille trage.«

Zecher haben Zeit

Das Nannchen sagt zu seinem Mann, der im Begriffe steht, ins Wirtshaus zu gehen: »Ja, willste dann scho widder in's Wärtshaus und kimmerst dich um gor nix? Die Kinner müsse zum Winter neie Mäntelche hawe, hörste?« — Er aber sagt darauf gemütlich:
»Awer Nannche, reg dich nit uff, bis dohin bin ich scho widder do.«

Voll geladen

Bitzig war Gast im Winzerverein und hatte sich tüchtig einschenken lassen. Als das Fest vorbei war, strebt er dem Bahnhof zu, erreicht mit knapper Not den Fahrkartenschalter und verlangt eine Fahrkarte, um heimfahren zu können. Da fällt ihm ein Fünfzigpfennigstück auf den Boden.
»Hee!« ruft einer. »Ihr habt fuffzig Pennich falle losse. Hebt sie uff!«
»Uffhebe?« gurgelt Bitzig. »Ich soll fuffzig Pennich uffhebe? Nix zu mache. Wann ich mich bück, laaft mer fer drei Mark Wei raus!«

Billard nach dem neunten ...

»Wollen Sie eine Partie Billard mit mir spielen?« — »Nein, mit einem Affen spiel ich nicht!« — »Herr, was unterstehen Sie sich!«
»Na ja, des is scho sou. Wo ich doch scho am neunte Viertele sitz!«

Würzburger Universitätsprotokoll (1593)

Friedrich Tüncer aus Schweinfurt wird vom Rektor mit Karzer bestraft, weil Steinweins übervoll zu mitternächtlicher Stunde auf der Straße gar schrecklich Gott gelästert, als nämlich ‚hunderttausend Dunnerschlag und Feuer soll vom Himmel fall' und die ganze Universität und sämtliche Professoren verbrenn'!

Die Frage

Ein Student ging morgens nach einer Zechtour nach Hause. Auf der Straße trifft er den Milchmann und er fragt ihn:
»Sag mir mal, wo wohnt hier der Student Kurt Meier?«
Der Milchmann staunt.
»Das seid ihr doch selbst!« sagt er.
Da wird der Student zornig: »Hab ich gefragt wer ich bin? Wo ich wohne will ich wissen!«

Die Antwort

Ein Fischergässer kommt spät nach Mitternacht zu Hause an. Seine Frau schimpft und sagt:
»Ich verstäih gor nit, wie mer sou lang im Wärtshaus sitze kann.«
Da gibt der Fischergässer zur Antwort:
»Fraa, iwwer Sache, wou mer nix verstäiht, soll mer aach nix babbele.«

In einer Schenke im Nürnberger Land

»Ja, hobt Ihr Dunnawetta-Mannsbülda mit aiara damischen Kartlerei goar ka Interesse fürs Gröini mäihr?« (Fürs Grüne)
»Doch — i hob die gröi Sau, der Maxl die gröi Zehna und etz interessier ma uns alli, wer den gröi Zwanzga rausspüllt!«

Schlagfertig

Eine robuste Frau aus Alzenau kam eines Tages mit ihrem Bräutigam zum Standesamt um sich trauen zu lassen. Der Standesbeamte aber sah, daß der Bräutigam ein Räuscherl hatte und lehnte deshalb die Trauung ab.
»Der ist betrunken, kommens später, wenn der nüchtern is«, sagte der Beamte. Schlagfertig aber erwiderte die Braut:
»Wenn der nüchtern wär, hätt ich ihn nit eruff gekriegt!«

Der Hinauswurf

Der Schäfer vom Daxberger Hof war im ganzen Kahlgrund als »Napoleon« bekannt. Einmal kam er aus Schimborn, wo er in einer Gastwirtschaft einen gehoben hatte. Unterwegs traf er den Baiersch Hans, der ebenfalls auf dem Heimweg war.
»Wou warschte dann, Naboljohn?« fragte Hannes.
»Ich waar beim Bast, do hou ich aan bei der Tür nausgeschmisse!«
»Mach ka Zeich, wer warsch dann?« fragte der Hannes neugierig.
»En Zigarrestumpe« antwortete lächelnd der Napoleon.

Der Wein und die Kindstauf

Beim Winzer Dörr ist schon wieder Kindstauf gewesen. Jetzt hat die Bawett schon das achte Kind.
»Du lieber Gott«, sagt der Herr Pfarrer, »Frau Babette, wo soll denn das hinführen bei den schlechten Zeiten? Was machen Sie denn, wie kommt denn das? Jedes Jahr im Sommer Kindstaufe?«
»Der Wein ist schuld«, sagt die Bawett und erklärt:
»Wenn der Wein got geroot, dann kriege mer ä Kind vor Frääd, und wenn der Wein schlecht geroot, dann kriege mer äns vor Wut!«

»S geit nix besseres als ebbes Guets!«

Schlechter Wein

Gepanschter Wein darf nicht verkauft werden. Wird ein Weinpanscher erwischt, dann muß er mit Strafe rechnen. Der Weinhändler Daniel wollte es einmal nach dem Krieg mit gepanschtem Wein versuchen. Er kaufte gute Weine ein und mischte sie mit minderwertigen Sorten in seinem eigenen Keller. Die ganze Sache kam heraus. Der Daniel wurde bestraft und kam erst nach vielen Monaten wieder ins fränkische Weinbaugebiet. Bei Würzburg traf er einen alten Weinbauern. Der sagte:
»Guten Tag, Daniel. Wie gehen die Geschäfte? Was macht der Wein?«
Daniel machte ein betrübtes Gesicht: »Der hat's gut«, sagte er.
»Den hawwe sie laafe losse, mich howwe se eingesperrt!«

Maskiert in der Fränkischen Schweiz

Des ganze Städtla is aufgäregt. Es örscht mol seit a poor Johr soll wiedä a Masknball sei. Die junge Leut freua sich, die Ältern aber zämartän sich den Kopf, wos sie denn äziehgn solln. Dä Schreinäs-Hans waaß a net, als wos ä sich maskiern soll. A weng arg gut bäkannt wor ä halt im ganzn Städtla wega seinä Sauferei. Do hets na net gäpaßt, wenn sie gleich an dä Tür alla gschriea hettn: »Dä Schreinäs-Hans is a do!«
»Wos maanst denn«, secht ä zu sein Freund, »als wos soll ich denn geh? Es soll mich kaans kenna!« Do grinst sein Freund: »Geh amol nüchtärn, wenn du kaan Rausch host, dann kennt dich ka Mensch!«

Das Gespenst

Voll des süßen Weines kam Lehwald wieder einmal nach Hause. Da steht im Zimmer seine Frau, in ein weißes Laken gehüllt; sie will ihn erschrecken und ihn ein für allemal vom Trinken heilen. Verwundert schaut Lehwald auf die Gestalt. »Wer bist du?«

Mit hohler Stimme antwortet diese: »Ich bin ein Geist!«

Da atmete Lehwald befreit auf.

»Gott sei Dank. Ich hob scho Angst gehabt, du wärst moi Fraa!«

Ein fränkisches Sprichwort:

»Frooch net, no werscht net ouglouche« (angelogen)

Es letzta Tröpfla

Der grüne Markt in Bamberg hat sein Gesicht verändert. Auch die Damen-
unterwäsche ist heute moderner. Früher war das alles anders und viel ein-
facher. Auch die unbedingt notwendigen Verrichtungen, deren sich keine
Marktfrau zu schämen brauchte, waren unkompliziert. Da stand einmal eine
Marktfrau breitbeinig da, es plätscherte und es entfloh überdies noch ein
Windlein. Ein Polizist kam vorbei:
»Aber gute Frau, so etwas tut man doch nicht!« sagte der.
»Ja«, gab die Frau zurück, »Sie häm gut redn. Ihr Mannsbildä habts leichtä,
ihr könnt es letzte Tröpfla wegschlenkän, mir müssens wegblosn!«

Jahrgang 1822

»Eine Neige Wein.
Eine Neige Liebe;
Daß vom Abendschein,
Nur soviel mir bliebe,
Meinen Doppelrest
Langsam auszutrinken
Und zum Schlafe fest
In die Nacht zu sinken.«

Friedrich Rückert

»MANCHE LEUTE WÜRDEN LIEBER OHNE HÄUSER LEBEN ALS OHNE BAUEN«

Jean Paul

Jean Paul, der gern zitierte Franke, schrieb einmal, daß manche Leute eher ohne Häuser leben würden, als ohne bauen. Damit wurde kurz und bündig auf eine fränkische Eigenart hingewiesen, die man landläufig als »werkeln« bezeichnet. Der Franke hat immer etwas zu tun. Kein Wunder, daß die bekanntesten Baumeister der Welt in Franken für die baufreudigen Fürsten und Bischöfe prunkvolle Kirchen und Residenzen bauten. Das Sprichwort »Schaffe, schaffe, Häusle baue«, das den Schwaben charakterisiert, ist für Franken nicht anwendbar. Hier wird mitunter auch etwas getan, was für das Wohl der Menschen nicht unbedingt notwendig ist.

In Franken gibt es die meisten Sammlungen und Museen, denn sammeln ist auch so etwas wie werkeln. Dort werden die meisten Erfindungen registriert und selbstverständlich gibt es in Nürnberg den »Deutschen Erfinder-Ring« und den »Deutschen Erfinderverband«. Daß auch so weltbewegende Dinge wie »Büstenhebe« in Nürnberg vorgestellt wurden, gehört zum Handwerk. Der Erfinder der »Büstenhebe« machte Anleihen bei Voltaire, als er sein Werk vorstellte:

»Die Gesunkenen zu heben, die Übermächtigen zu bändigen
und die Kleinen zur Geltung zu bringen.«

»Achgottala na!« sagten die Nürnberger und waren es zufrieden.

Bamberg beherbergt das Karl-May-Museum und das Naturwissenschaftliche Museum in Aschaffenburg besitzt die größte Wanzensammlung der Welt.

40

Daß in unserem Jahrhundert ausgerechnet Jean Paul Anlaß gibt, zwar keine »Büstenhebe« aber »Büstenheber« zu engagieren, ist dem nie versiegbaren fränkischen Humor zu danken. Die Regierung von Oberfranken möchte Jean Paul in der »Walhalla« haben. Er soll dort — marmorblaß und 60 cm hoch — die Betrachter anschauen und sich begutachten lassen. Er soll nun doch in die »Höheren Kreise« aufgenommen werden, denen er so gern entfloh. Auch damals, als ihn Charlotte von Kalb an ihr Schloß Waltershausen im Grabfeld binden wollte, riß er aus und ging nach Hof, weil ihm das höfisch-gezierte Leben nicht paßte. Nun gibt es kein Entrinnen mehr. Die Bildhauer in Ober-, Mittel- und Unterfranken sind aufgerufen, eine Büste von ihm zu entwerfen.

Schade, daß er sich selbst keine Lobeshymne schreiben kann. Sie hätte sicher so geklungen, wie die humoristische Version, mit der er den Tod des Großvaters beschrieb:

»Es traf sich aber endlich im Jahre 1763 — eben in meinem Geburtsjahr —, daß er am 6. August, wahrscheinlich durch besondere Konnexionen mit Höheren steigend, eine der wichtigsten Stellen erhielt, wogegen freilich Rektorat und Stadt und der Culmberg leicht hinzugeben waren, und zwar zählte er gerade erst 76 Jahre, 4 Monate und 8 Tage, als er die gedachte Stelle wirklich erhielt im Neustädter — Gottesacker.«

In seinem Roman »Das Ochsenfurter Männerquartett« berichtet Leonhard Frank von einem kleinen Mädchen, das »Elefantenflöhe« kaufen möchte:

»Dick und großmächtig, mit weißem Riesenbart, der bis zum Bauchbändel seiner öl- und fettglänzenden Küchenschürze reichte, stand er, lächelnd wie ein Vater aller Kinder hinterm Ladentisch, dessen Kante von den Millionen Handgriffen der Kunden rundgewetzt war. Er trug eine Hornbrille und hieß in der Stadt ›Heiliger Petrus‹.«

Ein kleines Mädchen, Mund noch unter, Nase schon über der Tischkante, erhob sich auf eine Fußspitze, das ganze Körperchen nach links geneigt, patschte das Geldstück auf den Ladentisch und sagte: ›Um fünf Pfennige Elefantenflöhe.‹ Herr Heilmann beugte sich herüber, tippte breit schmunzelnd mit dem dicken Zeigefinger auf das Näschen und füllte die Tüte mit den weißen Zuckerkugeln, die so groß wie Mottenkugeln waren und auch so aussahen. ›Mögen Sie auch Elefantenflöhe?‹«

In Franken wird gewerkelt. Auch im geistigen Sinne. Altfränkisches Brauchtum prägt schon das Kinderspiel. Auch die Kinder müssen etwas tun. Nirgends sonstwo gibt es so fröhliche Kinderlieder oder Auszählverse.

> Herrgottsvöcheli fliech!
> Fliech naus in Himmel,
> bring mr Zucker und Kimmel,
> fliech nei's Bäcke Haus,
> bring drai schöne Weck mit raus,
> mir aan, dir aan,
> alle brave Lait aan.
>
> *(Bad Mergentheim)*

Warum sind wir auf Erden?

In einer Dorfschule kamen in einem Jahrgang mehr Kinder in die Schule als es sonst der Fall war, so daß die Bänke nicht ausreichten. Da ließ der Lehrer einstweilen einige Kinder auf dem Boden sitzen. Als er im Religionsunterricht einen Knaben, der auf der Erde saß, fragte »Warum sind wir auf Erden?« antwortete dieser: »Weil in de Bänk kaa Platz mehr is!

42

Pfiffiger Name

Der Lehrer fragt einen Knirps: »Wie heißt du, mein Kind?« — »Hieronymus!« — »Das ist aber ein langer Name, dein Vater ruft dich sicher anders?« — »De Vadder rifft mich nit, der peift!«

Eine andere Frage

In der Schule fragt der Lehrer das Söhnchen eines kleinen Landwirts, wieviel Liter Milch die Kuh gibt. »Acht Liter,« lautet die prompte Antwort. — »Und was macht ihr damit?« — »Zwää Liter trinke mer selbst und neun verkaafe mer.«

Geographie

Ein Schüler weiß in der Geographie-Stunde über die deutschen Hochgebirge genau Bescheid und zählt sie alle auf. Nur das Glatzer Bergland vergißt er. Der Lehrer will ihm helfen und deutet auf sein ziemlich kahles Haupt. Der Schüler glaubt zu verstehen und antwortet: »Die Lausitz«.

Singstunde in einem Dorf an der Thüringer Grenze

Der Lehrer stimmt seine Geige. Ein Schüler beobachtet ihn genau. Schließlich flüstert er: »Werscht schun driehe, bis dr dos Ding in de Frassa springt!«

Das Experiment

»Mutter, unser Fräulein will uns heute nachmittag im Schulhof die Sonnenfinsternis zeigen.« — »Ja, schon recht, aber gehe nicht zu nahe hin!«

Aufklärung

»Die Sache ist ganz einfach«, sagt der Lehrer und sucht nach einem Vergleich, um seinen Schülern die Wirkungsweise der Telegraphie zu erklären. Schließlich sagt er: »Telegraphie ist, wenn man einem Dackel, der von Würzburg bis Nürnberg reicht, in Würzburg auf den Schwanz tritt und der Dackel in Nürnberg bellt. Und was ist Telegraphie ohne Draht?« Schüler: »Dasselbe ohne Dackel!«

Visitation

Alle Schüler sind vorher instruiert worden, jeder Antwort, die dem Schulrat gegeben wird, »Herr Schulrat« anzufügen. Die kleine Grete muß nun die Bibelstelle über den Sündenfall hersagen und einige Fragen beantworten. Schulrat: »Und was sagte Gott zur Schlange?« Grete: »Sie wird dir den Kopf zertreten, Herr Schulrat; auf deinem Bauch sollst du kriechen, Herr Schulrat; und Staub fressen dein Leben lang, Herr Schulrat!«

Der Sechser

(Erlanger Verschli)
A Moo, der hot in Lotto gspilt
und net ums Frecka gwunna,
do woar er oft fuchsteiflswild
und hot si dauernd bsunna:
Wu mach i blous mei Kreili noo? (Kreuzchen hin)
Er woar scho halmi spinnert,
Sogoar sein Schulbub'n frogt er doo,
wie mer an »Sechser« gewinnert.
Do sagt der Bu: Sog, Vadder, wär
des werkli a Ereignis?
Dann hob' i's gschafft, do schau ner här:
an Sechser in — mein Zeignis!

Hermann Riedmüller

Einfache Antwort

Lehrer: »Hänschen, wenn du drei Äpfel in der Tasche hast und verlierst einen, was hast du dann?« — Hänschen: »Ä Loch im Seckel!«

Galopp

Lehrer: »Nun bildet mir einmal Sätze mit dem Wort Galopp.
»Der Reiter reitet Galopp.« — »Gut!« — »Der Gaul springt im Galopp
durch die Straßen.« — »Gut!« — »Galopp ist schneller als Trab.« — »Sehr
gut. Wer weiß noch einen Satz?« Fritzchen meldet sich:
»Galopp sei Jesus Christus!«

Mitbringsel

Zwei Schuljungen unterhalten sich. Der eine sagt: »Mei Vadder hot mir vun
Kissinge aä schäins Messer mitbrocht. Do steht Kissinge eingraviert
druff.« — Da sagt der andere: »Des is gor nix. Mei Vadder hat zwä Messer,
zwä Gawl un zwä Löffel mitgebrocht un üwerall steht »Hotel Drechsel«
druff!«

Erfahrung

»Fritzchen, wohin rennst Du denn?« — »Nach Hause.« — »Warum denn?«
»Mutter will mich verdreschen.« — »Und da rennst du so?« — »Natürlich,
denn wenn de Vadder eher da is, dann haut der!«

In einem Schwabacher Obstgarten

»Wöivüll Äpfl houst du Lausa vo meim Baam gstuhln?«
»Blous sechsa!«
»Dann hau i dir für jedn Apfl ana af dein Hintan!«
»Oaba, dou woarn finf wurmige dabei!«

Irrtum

'n Nochl häächt mal in die Wand (Ein Nagel schlägt —)
E biedrer Bärgersmann.
Doch ging der Nochl bische krumm,
Wos vorkimmt dann unn wann.
Seim Biebche, des die Lääder hellt,
dem säigt sei Vadder halt:
Gäih glei mol niwwer in die Kich,
Die Beißzang hol, die alt.
Der satzt sofort nei in die Kich
Unn rifft, der Buu, der dumme:
Tante, Du sollst geschwind emool
Zum Vadder niwwer kumme!

Ascheborger Klänigkeite

Der Student

Um die Jahrhundertwende war der Bildungsdrang noch nicht so groß wie heutzutage. In den kleinen Städtchen rings um Hof gab es nur wenige Studenten, und die Väter der Studierenden mußten genau rechnen, um alles bezahlen zu können. Einmal bekam der Vater eines Studenten eine Rechnung von einem Herrenbekleidungsatelier, das einen Anzug für den Sohn geliefert hatte.
»Frack mit Spiegel geliefert, zweihundert Mark« stand darauf.
Da jammerte der Vater: »Ach, dou lejber Gott! — Daßr sich en Frack machn hot laoussn, des ko ich nuch versteh! Obber daßr gleich nuch en Speigl derzou kaaft hot, des hets doch wärklich niet gebraucht!«

47

Der Jörgla aus Schweinfurt

Der Jörgla war sei Lawestog
Für seiner Leut a rachta Plog.
Gepräidigt wörd'n 's ganza Joar,
Doch was mer'n saigt — zoon ena Oar
Gäits nei, zon annern widder raus;
Er it a Kreuz försch ganza Haus,
Mecht immer alles überzwärch
Seim Vadder stehn die Haar zu Berg.
Er it zo dumm zon Bauern schier —,
I män — mer läßt'n halt studier!

A. J. Ruckert

Mißverstanden

Arzt: »Ihr Name?« Patient: »Fenzlow« — Arzt: »Hinten ein W?«
Patient: »Nein, ich hab's in der Schulter!«

Phantasie

Eine Frau schildert dem Arzt die Krankheitssymptome ihres Kindes.
Arzt: »Hat die Kleine auch phantasiert:« Antwort: »Ja, aber nur ganz dünn!«

Das Gewicht

Der Hansjörg kommt zu seinem Freund Anton und sieht, daß dieser ein
Fünfpfundgewicht auf der Hand liegen hat. »No, was haste denn«, fragt
der Hansjörg. Antwort: »Ich hob mich in de Finger geschnitte un de Doktor
hot gesagt, wenn ich kän Gewicht druff lege deht, so könnts Blutvergiftung
gewe!«

Zange und Hut

Huber und Greiner waren gleichzeitig an Blinddarm operiert worden. Schon können sie wieder entlassen werden. Da kommt die Schwester herbeigestürzt. Huber, als der zuletzt Operierte muß dableiben; der Doktor vermißt seine Zange, die muß in der Bauchhöhle liegengeblieben sein. Huber erblaßt, wird abgeführt. In diesem Augenblick erscheint der Professor selbst. Aufgeregt fragt er nach seinem Hut. Da fällt auch Greiner in Ohnmacht.

Der Hausarzt

In einer Fuldaer Familie erkrankte eines Tages das Dienstmädchen und lag zu Bett. Der Hausarzt wurde gerufen und kam.
»Zeig emol den Puls. Der Puls is in Ordnung. Haste Halsweh?
»Nä, Herr Doktor.«
»Zeig mer emol die Zung. Die Zung ist net belegt. Haste Leibschmerze?«
»Au net, Herr Doktor.«
»Ja, zum Kuckuck, Mädche, was fehlt der denn do, wenn der nischt wehtut?«
Darauf die Patientin: »Herr Doktor, ich will's Ihne sag. Ich hann scho seit drei Monat kenn Lohn gekrecht. Da hann ich gedacht, da könnste dich au emal e poar Tag ins Bett geläg und ausruh.«
Auf diese Antwort war der Hausarzt nicht gefaßt, aber er rief aus:
»Marie, rück un mach Platz, ich leg mich derzu. Mir hat die Familie scho vier Jahr die Doktorrechnung net bezahlt!«

Theater in Franken

Szeneriewechsel gab es nicht. Der Vorhang ging zwanzigmal herunter und wieder hoch, und immer waren dieselben Kulissen da: Ein Weinberg und der Fluß, der steil aufwärts floß. Dem Ochsenfurter Tünchermeister war die Perspektive nicht gelungen.

Der Wirt hatte sich lange Pausen und frühzeitigen Vorstellungsschluß ausbedungen, damit das Publikum trinken und er auf seine Rechnung kommen konnte. Sie konnten nur die nackte Fabel spielen. Auf diese Weise wurde der dicke Hamlet zu einem entschlossenen Burschen, der kein Zaudern kannte. Polonius war bald hin, und Ophelia fand keine Zeit, die Süße ihrer Unschuld in der Wahnsinnsszene zu offenbaren. Als König und Königin und Ophelias Bruder an deren Grabe tot nebeneinander lagen, improvisierte der dicke Hamlet, erschöpft vom Tempo einer Zeit, die hier wie dort die Kunst dem Geldverdienen opferte, schnell noch den Satz:

»Oh Blut und Leichen« und sank tot zusammen.

»Der hätte den König, der sich den Thron auf so saumäßige Art erschlichen hat, gleich umbringen und das Mädchen einfach heiraten sollen, das wäre richtiger gewesen« sagte der uralte Ortshirt zum Schreiber, der seufzend antwortete: »Die haben's hinter sich!«

Leonhard Frank

Fagott-Solo

Nach einem Konzert unterhielt sich eine junge Konzertbesucherin leutselig mit Max Reger. Sie wollte vor allem Bescheid erhalten über eine Solostelle der Fagotte, die ihr besonders Eindruck gemacht hatte. Wißbegierig fragte sie: »Herr Hofrat, bringen die Leute diese Töne mit dem Mund hervor?« Reger erwiderte: »Das will ich stark hoffen!«

50

Verspäteter Gast

»Bitte«, sagte der verspätete Besucher zum Saaldiener, »lassen Sie mich doch noch hinein.« »Ausgeschlossen«, sagte der wackere Mann, »während des Gesangs darf ich auf keinen Fall die Türen öffnen, sonst läuft die Hälfte der Konzertbesucher wieder raus.«

Finale

Der Held des Grenzlandtheaters in Hof war an eine große Bühne in Berlin verpflichtet worden. Nach seiner Abschiedsvorstellung kommt er freudestrahlend in die Garderobe: »Haben Sie diesen Beifall gehört? Sogar gerufen hat man: Hierbleiben, hierbleiben, nicht nach Berlin gehen!« — »Ja«, sagte ein bissiger Kollege, »wir haben gehört; aber wissen Sie auch wer gerufen hat? Das waren zwei Berliner!«

Sprichwort:

»Mach mer halt su weiter, werd scho wern!«

»SEI STILL, I BITT' — ICH VERSTEH' DICH JA NIT!«

O wenn ich doch nur reden könnt
Gut fränkisch, wie mei Mädle,
Daß sie besser mich verständ'
Des Nachts am Fensterlädle.
Red' ich noch so schöne Sachen,
Fängt sie halt hell an zu lachen,
Sagt: Sei still, i bitt,
Ich versteh' di ja nit.

Friedrich Rückert

Wenn Friedrich Rückert, der Dichter aus Schweinfurt, mitten aus Franken stammend, schon Schwierigkeiten mit dem Dialekt hatte, wie soll dann ein Nichtfranke damit zurechtkommen? Wie soll sich der Schwabe, der Bayer, der Rheinländer und alle die anderen aus deutschen Gauen in Franken zurechtfinden, wenn der Franke selbst kein fränkisch versteht?
Im Hohenloher Ländchen sagen die Einheimischen gerne:
Ma muaß mit da Menscha die Sprooch reda, wu sie verstenn!
Droben an der Grenze gegen Hessen zu behaupten sie »Babbel deitsch«.
Als ein Wissenschaftler kürzlich im Würzburger Gau eine Mundartforschung durchführen wollte, endlich eine stramme, dialektsprechende, auskunftfreudige Bauersfrau gefunden hatte und zu ihr sagte: »Ich möchte gerne mit Ihnen eine Dialektuntersuchung vornehmen«, antwortete die Frau: »Isch zieh mi fei net aus!«
Und der eifrige Dialektforscher war am Rande seiner Weisheit. So ist das also. Die Franken sind ein Völkchen für sich. Das Verstehen untereinander

ist oft schwer, die Begegnung mit Nichtfranken nicht ohne Komplikationen. Auf dem historisch-politischen Hintergrund vollzog sich die Zersplitterung Frankens, die selbst den Sprachwissenschaftlern Sorgen und Kummer bereitet.

Schon Johann Wolfgang Goethe hatte Schwierigkeiten mit dem fränkischen Dialekt, war aber immer ein begeisterter Zuhörer, wenn ein echter Franke ein paar selbsterfundene Verse zum Besten gab. Als er während seiner Fränkischen Reise im Jahre 1797 nach Nürnberg kam, zeigte ihm Major Karl von Knebel die Schönheiten der alten Stadt und zitierte ein paar Verse des damals als Heimatdichter wohl geachteten Stadtflaschnermeisters Konrad Grübel:

»Und wöi alls is su vergnöigt! Na, wer sollt's nit glab'n!
Hob' mer nit an Ess'n kröigt! Siech döi Fetz'n Tab'n,
Und döi Alapatterie. Wos dau alls drinna,
Wenn i 's an derziehl'n sollt, könnt mi goar nit bsinna. —
No, wos wörds denn gwes'n sei? Narr, es sen halt Knietla
und su Storzeneierla, und a bißla Schnietla. —
Ihr seid halt die Bänkwörst gwohnt; su is mit Euch Leut'n,
Wenn'r nau wos Bsunders kröigt, könnt 'r 's goar nit z'schneid'n
Su Potak'n manet i, koh Dei Frau tranchöiern,
Ober mit'n Buttal, horch, soll sie's nit proböiern.

Das war selbst dem weitgereisten Dichter zuviel und der Schreiber Merkel notierte genau, welche Worte Goethe nicht verstanden hatte und welche ihm übersetzt werden mußten. »Alapatteri« war eine Gewürzsuppe mit Klößchen, als »Schnietla« wurde Schnittlauch bezeichnet und Klöße hießen damals und heißen heute zuweilen noch im Nürnberger Land »Knietla«. »Bänkwörst« nannte man billige Würste, die sich vor allem die ärmeren Leute gerne kauften.

»Wir waren vergnügt beisammen und Goethe war ziemlich gesprächig,« notierte der Chronist Merkel.

Die »Fliegenden Blätter aus Franken« ließ sich Goethe gerne von seinem Freund Knebel zusenden und wußte daraus Heiterkeit und Freude zu schöpfen.

In Franken gibt es unzählige, zum Teil seltsame Bezeichnungen für alltägliche Dinge. In Nürnberg sagen sie gerne »Gackala« zum Ei und ein Hühnerknochen heißt »Puttlasba«. Allein das Wort Hühner wird in Franken in vielen Variationen abgewandelt, Gökl, Gökeli, Hünkel, Hinkel, Gikal, Hühnerli — um nur einige Namen zu nennen. Während sie in Oberfranken gerne jedem passenden Wort ein »a« anhängen, mildern sie in der Würzburger Gegend alles zum »i«. Dort spricht man von »Äpfeli« und verzehrt natürlich »Meefischli«.

Die meisten Spitznamen gibt es in der »Fränkischen Schweiz«. Da sind die Nürnberger Päiterslasboum und die Bamberger Zwiebeltreter noch respektierliche Personen! Die Forchheimer heißen »Knäckerla«, die Pretzfelder nennt man »Fröschknicker«, und im Tal des Mühlbaches bei Niedermirsberg sind die »Eulenböck« zu Haus.

Im Gegensatz zu den Ebermannstädtern, die einfach als »Hungerleider« tituliert werden, nennt man die Breitenbacher »Säustecher«. Der fetteste Name ist für die Gößweinsteiner reserviert, denn sie heißen — vielleicht weil sie immer gute Geschäfte mit den Wallfahrern machen — »Schmalzkübler«. Da klingt überall etwas altfränkisches mit, da spürt man bäuerliche Traditionen, geboren aus kleiner Neckerei, die mit einer Spur Boshaftigkeit angereichert ist.

Ein Glück, daß es soviel Humor in Franken gibt, sonst würde dies alles zu handfesten Streitereien ausarten. Aber dazu ist der Franke nicht geschaffen. »Dou kost die Bräih mäihr wäi di Fisch«, sagen die Nürnberger, wenn eine Sache zu kritisch wird und keinen Erfolg verspricht.

54

Was ein echter Franke ist, der gibt gerne Belehrungen, wenn es um seine ureigenste Sprache geht!

An die Mundortpfuscher

> Es is fei ka Schand,
> Konnst kan ächdin Dialäggd.
> Bloß: Halt na dein Rand
> Und reed hoochdeitsch berfäggt! (perfekt)
> Mir senn der nit bäs
> Und du griegst aa ka Schelln.
> Bloß: Laß uns unser Glääs,
> Und freß du Frikadelln!

Josef Heidingsfelder

Im Hohenloher Land werden die längsten Sätze gebildet:
»Gäh do her du Bua, mach die Kihstalltiar zua du Bua!«
Und das Donnerwetter geht los:
»Muaß i allaweil dei Gähdoherdubuamachdiekihstalltiarzuadubua sei?«

Kurz und bündig in Mittelfranken:

Das Versprechen

Der Schüler Josef verspricht seinem Lehrer am Wochenende ein Huhn mitzubringen. Josefs Eltern wollen dem Lehrer eine Freude machen. Am Freitag erinnert der Lehrer nochmals an das Versprechen. Am Samstag aber kommt der kleine Josef ohne das Huhn. »Wo bleibt denn das Huhn« fragt der Lehrer neugierig. »Des Hinkel freßt wärrer! (frißt wieder!)« sagt Josef und die Sache ist für ihn erledigt.

Der Krischer

In Unterfranken sagt man zu einem weinenden Kind »Krischer«. So ein Krischer hat das Karlchen plötzlich über Nacht als Brüderchen bekommen. Die Schwester sagt: »Des is vom Himmel gfalle.«
»Daß se den Krischer aus em Himmel nausgeworfe hawe, kunn ich verstäihn«, antwortet Karlchen.

Ohrfeige in Bamberg

Do worrn sie beim Schmorchelskunner mittogs beim Essn ghockt. Auf amoll secht der Kla: »Muttä, guck no, om Votter sein Rüßl hengt a Hoor!« »Du ungezogener Läuser«, hot die Mutter gsocht, »geh her, so host ana auf dei Goschn! Do hört sich doch alles auf, etzt secht der zum Vottä sein Maul Rüßl!«

Bareither Daitsch (Bayreuth)

Eine Dame, die zu den Festspielen nach Bayreuth gekommen ist, kauft an einem Obststand ein Pfund Birnen. Das Obst wird der Dame ohne Verpackung überreicht. Die Dame fragt deshalb: »Kann ich nicht auch so ne Tüte da erhalten?«
Obsthändlerin: »Wos maana Sa?« (Was meinen Sie?)
Dame: »So ne Tüte da möchte ich haben!«
Obsthändlerin: »Sonetüteda? Ich waaß fei wärkli nett, was Sa vo mir wölln!«
Da deutet die Festspielbesucherin auf den Stoß Papiertüten, die auf dem Tisch neben der Obstwaage liegen. Nun läuft ein verstehendes Schmunzeln über das Gesicht der »Obstschatulln« (wie sie in Bayreuth zu den Marktfrauen sagen):
»A Guckern maana Sa? Redn Sa halt daitsch!«

56

»Wou die Hasn Hosn un di Hosn Husn haasn, da ist Nürnberg«
behauptet ein Sprichwort.

Das Gespräch

Ein Amerikaner kommt mit einem Nürnberger ins Gespräch.
Nürnberger: »Aber heint is haaß!«
Der Amerikaner besitzt ein Lexikon und schlägt nach. Er findet: Hase.
»Ich gefunden«, jubiliert er, »Hase im Feld!«
Nürnberger: »Nix Hoos!«
Amerikaner: »Hoos?« Er blättert im Lexikon und findet: Hose.
Und er sagt: »Hose, Beinkleid, selbstverständlich!«
Nürnberger: »Naa, des is a Huusn. Trotz dem Buch ko mer mit su an Ami
net amol deitsch ridn.«

Auskunft

»Bittschee Herr Hausmeister, is in dem Schulhaus a Lehrer Hammer?«
Hausmeister: »Wartens amol. An Grieshammer hammer, an Schmiedham-
mer hammer, an Teisnhammer hammer, an Steghammer hammer, an Weg-
hammer hammer, oba an Lehrer Hammer hammer bei uns nöt!«

Poesie und Prosa

Ein poetisch angehauchter Jüngling saß einmal abends mit seinem Schätzchen
in einer Parkanlage bei Miltenberg am Main. Als sich ein Wind erhob und
der »Braut« ein wenig durch das Haar fuhr, flötete der Poetische schwär-
merisch: »Elli, der Zephir spielt mit deinen Locken!« Da sprang Elli entsetzt
auf und schrie: »Um Gotteswillen, Theddor, tu mer des dräkkich Vieh
erunnermache!«

Wos Guets

A Kuß von Franka-Madli,
an Schopp'n Franka Wei,
derzu a frankisch Liadla,
i mog euch alla drei.

Un war euch drei niet garn hot,
Kuß — Wei — un Gsang niet mog,
dar blei't, sou häßt's in Sprüchwort
an Narr sei Lawestag.

I un sa will kee Narr sei,
kumm har du Frankaschatz,
schenk ei un sing a Liadla,
gäh zua un gab' mer'n Schmatz.

Alfred Buchner, Schweinfurt

Jean Paul, der lustigste aller Franken, kündet nicht so unvermittelt von der Liebe. Im »Quintus Fixlein« schildert er einen Spaziergang, der für ein Liebespaar nicht ohne Folgen bleibt. Fixlein und das zärtliche Fräulein Thinette verloben sich.
»Inzwischen sind Geringfügigkeiten die Proviantbäckerei der Liebe —; die Finger sind die elektrischen Auslader eines an allen Fibern brennenden Feuers —; Seufzer sind Leittöne konvergierender Herzen, und das Allerschlimmste und Stärkste dabei ist ein Unglück: denn die Flamme der Liebe schwimmt, wie die von Naphta, gern auf Thränenwasser. Zwei Thränentropfen, einer im fremden, einer im eigenen Auge, setzten aus zwei konvexen Linsengläsern ein Mikroskop zusammen, das alles vergrößerte und alle Leiden zu Reizen machte.«

Die Mitgift

Ein Bauer geht mit seinem heiratslustigen Sohn an einem Bauernhaus, vor dem ein großer Misthaufen liegt, vorüber und sagt — über den Anblick entzückt — »Siehste Hannes, do gibt's en Mist — do heierste nei'!«

Freundinnen unter sich

»Ich habe mich mit Herrn Lindemann verlobt«, sagt Rosa freudestrahlend zu ihrer Freundin. »Was du nicht sagst! Jetzt verstehe ich, was der Lindemann mit der sonderbaren Redensart meinte, als ich ihm vor acht Tagen einen Korb gab.« — »Was hat er denn gesagt?« — »Er ist verzweifelt weggestürmt und hat mir zugerufen: Jetzt wird etwas Schreckliches passieren!«

Rat vom Richter

Zum Stadtrichter in Aschaffenburg kam einmal eine alte Jungfer und klagte ihr Leid: »Ich soll de reich Witwer, de Gerlach heiern. Awwer es is mer sou schinand (genieren) daß ich soll sei zweit Fraa sei:« »Na, mir tät nix dra liege, wenn Sie sei erste gewese wär'n«, erwiderte der Gefragte.

Das Motorrad

Der Pfarrer hat sich den Wilhelm vorgenommen, weil so allerlei über ihn im Dorf erzählt wird. »Wilhelm«, sagt der Pfarrer, »ich höre, Du hast in vielen Mädchenherzen falsche Hoffnungen geweckt. Mit einem Mädchen im Dorf bist Du verlobt, die zweite Verlobte soll in der Kreisstadt, die dritte im Nachbardorf wohnen. Wie kannst Du so etwas machen?« Wilhelm lächelt treuherzig: »Ich hob mer ä Motorrad kaaft, Herr Pfarrer!«

Die Kaffeestunde

»Worum machstn su a Gsicht, Resi?«
»Mei Kavalier is durch. Möcht ner wiss'n, worum er mir davogloffn is.«
»Host gwieß mit ihm Kaffee trunkn!«
»Natierli!«
»Homm mas scho. Dös houtn widda nöichtern gmacht!«

Gute Nachbarn im Taubergrund

David: Sou', du hasch Bsuach? Chrischtian?

Christian: Ja, mei Bua isch do, der Fritz.

David: Hob's gemerkt, Chrischtian.

Christian: Sou, hat'r dir a schu en Besuch gmacht?

David: Na, des net. Awwer mit manne Maadlich (Mädchen) schtäiht er all Owend im Hof umenander.

Christian: Des glaaw e. Ein schlechte' Gschmack hat er net. I glaab der schläicht mir nooch.

David: Schu reecht, Chrischtian. Awwer aa's muaß e dir sooche: I kou's net leide, wenn e fremder Geikel (Gockel) uf manner Mischt kratzt.

Christian: Di will i d'r aah ebbes sooche: Dua di deine Hühner bei Zeit ei'; no kou i man'n Geikel laafe lasse!

Entlobung

In einer fränkischen Zeitung erschien folgende Anzeige:
»Ihre Verlobung geben bekannt: Anni Bolz, Verkäuferin, Carl Menge, städtischer Beamter.«

Einige Zeit danach war die Verlobung auseinandergegangen. Die gleiche Zeitung brachte folgende Anzeige:
»Meine Verlobung mit Fräulein Anni Bolz erkläre ich hiermit als aufgelöst, Carl Menge, städtischer Beamter.«

Diese Anzeige muß die verflossene Verlobte geärgert haben, denn kurz danach brachte die Zeitung abermals eine Anzeige:
»Meine Verlobung mit dem Kanalreiniger Carl Menge habe ich aufgelöst, Anni Bolz, Direktrice.«

Der heulende Hochzeiter

Die hübsche Anna soll den häßlichen und etwas einfältigen Stoffel vom Siemershof bei Bayreuth heiraten. Die Eltern unterstützen das Verhältnis nach Kräften, denn der Stoffel erbt den schönsten Hof. Alles geht gut bis zur standesamtlichen Trauung vor dem Bürgermeister. Kurz vor der Trauung gab es Streit und das Mädchen sagt vor dem Standesbeamten, als es gefragt wurde, ob es den Stoffel heiraten wolle, nein! Da heult der Stoffel und ist ganz verzweifelt. Nunmehr ist Anna wieder zugänglicher und sagt kurzentschlossen: »Gebt ihn her, den bleeden Bock!«

Mißverständnis

Der heiratslustige Jockel berichtet seinem Freund: »Ich will heiern un do how ich in de »Main-Post« ä Inserat uffgewe. Es hot sich aa e junge Bauersfrau gemeldet. Die wääß, uff wos heut geguckt werd. Sie hot geschriewe, daß se e fette Sau mit in die Eh bringt. Dös hot mer gefalle un ich schreib er widder, sie soll mer doch emol e Photographie schicke. Do schickt se mer jo die Photographie vun der Sau!«

Die meisten Mißverständnisse in Franken verursacht der Dialekt. Das ist längst erwiesen. Das mußte auch einmal eine junge Lehrerin erfahren, die in einem Dörfchen im Landkreis Tauberbischofsheim ihre ersten pädagogischen Lehrversuche unternahm.
Während der Unterrichtsstunde meldete sich plötzlich der kleine Karl und sagte »Freilein, d' Elfriede mues saache!« Das Fräulein wollte sich in ihrem Konzept nicht stören lassen und sagte: »Die Elfriede soll es später sagen!« Elfriede rutschte in der Bank hin und her und der Karl hatte nochmals den

Mut, meldete sich und sagte: »Awwer si muess glei saache, es bressierd fei saumäßisch!« Die Lehrerin wurde energisch. »Sie kann nachher immer noch sagen was sie will«, erklärte sie und damit war die Sache erledigt. Nachdem der Unterricht zu Ende war, meinte die Lehrerin: »So, Elfriede, jetzt kannst Du mir sagen, was Du auf dem Herzen hast.« Elfriede aber schwieg. Nur der Karl meldete sich wieder und sagte verschmitzt: »Jetzt iss scho zu schbäd Freilein, jetzt hat's scho in die House g'saachd!«

Der Umgang mit fränkischen Kindern bereitete der aus Norddeutschland zugereisten Lehrerin einige Schwierigkeiten. Der Umgang mit fränkischen Damen ist auch nicht immer einfach. Schon Goethe wußte darüber ergötzliche Episoden zu erzählen. In Coburg machte er einmal — er war gerade mit dem Titel »Geheimrat« geehrt worden — die Bekanntschaft mit dem Hofrat Moritz August von Thümmel, der später gerne als fränkischer Cicerone fungierte und Goethe durch den Thüringer Wald führte. In einem Gasthaus begegneten den beiden damals zwei Schauspielerinnen, die auf der Reise nach Meiningen waren. Es muß eine recht unterhaltsame Begegnung gewesen sein, denn Goethe, der seinen Freund Thümmel als Damenheld wohl zu schätzen wußte, notierte später: »Wie es hinter dem Mieder beschaffen und unter dem Röckchen, lehret, wißt ihr es nicht, zierlich der reisende Freund!«

Fränkisches Sprichwort
»I will awer nigs gsoocht ho!« (Nichts gesagt haben)

Die interessanteste und wohl auch lustigste Dialektformulierung aber erfand Viktor von Scheffel. Während einer Reise nach Thüringen kam Scheffel nach Gößweinstein und übernachtete am 4. September 1883 im Gasthof Distler. Dort schrieb er in das Gästebuch: (man kann es heute noch nachlesen) »Siehste, wie du biste, belle warste, triste bist de.«

» — UND WIRD EIN GROSSES SCHLAGEN DRAUS . . ., ICH MACH MICH AUFF — UND GING NACH HAUS.«

Hans Sachs

Hans Sachs, der Schuhmacher und Poet aus Nürnberg, bekam keinen Orden »wider den tierischen Ernst«, den der fleißige Reimeschmied wohl verdient hätte. Das gab es im 16. Jahrhundert noch nicht. Stattdessen handelte er sich einen Verweis des Rates der Stadt Nürnberg ein, weil er einmal gar zu heftig an religiösen Vorstellungen gerüttelt hatte. Aber das kümmerte den Dichter wenig; die lateinsprechenden Gelehrten hatten seiner Ansicht nach nicht das richtige Maß für Heiterkeit und Humor.

Hans Sachs war ein friedliebender Mensch und verabscheute Kriege, Händel und Raufereien, die es in seinem Jahrhundert ja genug gab. Er erteilte gerne weise Ratschläge und meinte, daß es immer besser sei, den Platz des Getümmels zu verlassen, als sich hineinzustürzen und mitzumachen. Er selbst handelte nach der Devise, die Freude zu behalten und das Gezänk den anderen zu überlassen. Nach einem Kirchweihbesuch vor den Toren Nürnbergs schrieb er einmal:

> »Den Reyen sah ich umbher springen,
> ihr vile die griffen zu den Clingen.
> Ich dacht' es wird nun lang nit fehlen,
> Sie werden aneinander stellen
> und wird ein großes Schlagen draus . . .
> Ich macht mich auff — und ging nach Haus,
> wenn ich besorgt da Ungemachs
> auff der Bauernkirchweih, spricht Hans Sachs.«

Hans Sachs war einer der ersten, der von der fränkischen Kirchweih kündete, von dem Fest, das in seiner Art unwiederholbar und nur für Franken typisch ist. Wo sonst gibt es diesen »fränkischen Duft«, der sich aus den Gerüchen von Rostbratwürsten, Lebkuchen, Bier und Sauerkraut zusammensetzt? Jede Stadt und jedes Dorf haben ihr Kirchweihfest, und weil das nicht ausreicht, gibt es dazwischen Volksfeste, für die Anlässe erfunden werden, wie Kuriositäten für die Nürnberger Erfindermesse. Bürgermeister, Landräte, Staatsminister und Bundestagsabgeordnete stellen sich in Franken gerne zur Verfügung, wenn es gilt, ein Fest zu arrangieren. Als in Mömbris im Kahlgrund bei Alzenau der dort gekelterte Apfelwein den Namen »Goldtröpfchen« bekam, wurde eine neue Apfelweinkönigin proklamiert und in der Zeitung war zu lesen: »Der Landrat gab zu bedenken, daß den Heimatfesten nach dem 1. Juli 1972 (Kreisreform!) noch größere Bedeutung zukomme!« Tusch und Prost!

»Des geit's ja bloß amoal im Joahr, daß der Samsti Sunnti is und noa muaß Volksfescht sei«, sagen sie in Crailsheim drunten, in »Craalse« und behaupten ihr Fest sei das schönste und größte im ganzen Land.

»S Fränkisch Volksfescht is bekannt im ganze Frankalendle und noch driwer naus. Vom Bayrischa kummas riewer und vo Märchedool (Mergentheim) drunta ruff. Vo Ellwanga kummas roo. Ja sogar bis von Schtuagert (Stuttgart) kummas her und a mancher schtellt's Craalsemer Volksfescht noch iwers Cannstatter, wenn es a gräßer is!«

Mit den Superlativen nehmen es die Franken genau, nicht nur wenns um das Fest oder um ihre Königinnen geht. Die größte Rostbratwurst der Welt wurde selbstverständlich in Nürnberg hergestellt. Ein Nürnberger Zeichner, Lucas Schnitzer, hat das Produkt fleißiger fränkischer Metzger 1658 in Kupfer gestochen und mit Text der Nachwelt überliefert.

»Aigentliche Abbildung der langen Bratwurst, welche — in der Statt von ihrer Zwölfen herumbgetragen worden und warth ihre Länge 658 Ellen, hat zum Gewicht gehabt 500 und 14 Pfundt, die Stangen, daran sy ist getragen worden, war 49 Werkschuh lang.«

Nach dem Umzug — und natürlich dem anschließenden »Riesenbratwurst-volksfest« — wurde die Fünf-Zentner-Wurst aufgeschnitten und verteilt. Der »größte Aufschnitt aller Zeiten« feierte fröhliche Urständ, und alle waren von dem »b'sonderen G'schmäckla« der Riesenwurst begeistert.

In Franken gibt es das älteste Gasthaus Deutschlands, den »Riesen« in Miltenberg, und das kurioseste Museum, das »Fastnachtsmuseum« in Kitzingen. Der »Fascheboutz« vom Neckar, der »Huddelbätz« aus dem Odenwald und der »Flecklesmo« aus Mittelfranken können dort besichtigt werden, und natürlich all das andere närrische Inventar, das zu den Narrenfesten der Franken gehört. Über das alles wacht die »Kikag«, die Kitzinger Karnevalsgesellschaft.

Und es gibt noch unzählige Begriffe und Einrichtungen, die so fränkisch sind, daß es niemand in der Welt wagt, sie nachzuahmen. Dazu gehören die Nürnberger »Leekoung«, die Lebkuchen, die seit 1927 sogar gesetzlich geschützt sind. Dazu gehört der »Club«, der 1. Fußball-Club Nürnberg. Dazu gehört Wurlitz, droben an der Weschnitz, wo die Vorfahren der berühmtesten Orgelbauer herkommen. Dazu gehört der »Bocksbeutel« in Würzburg, »Kaspar Hauser« in Nürnberg, das wahrhaft »kleinste Dorf der Welt«, das »Dörfchen« im Park Schönbusch in Unterfranken, die Sachs-Dynastie in Schweinfurt, die »Fränkische Krone«, wie sich Coburg immer rühmt, vieles andere mehr und sogar die berühmtesten Jongleure unseres Jahrhunderts, Franzl Brunn und Ernesto Montego, deren Wiege in Aschaffenburg stand, in Franken!
Immer und zu jeder Zeit beginnt irgendwo in Franken ein Fest.
»Maschtens is zum Schluß a so, daß iwerool Mordsräusch geit und des is der Beweis, daß alla Brauereia widder an guata Tropfa zusammabraut hewa«, meldete der Chronist Fritzjakob Weller nach dem »Volksfest in Craalse« und er formulierte ein Finale, das in Franken nicht so ganz unbekannt ist.

66

Der Rausch

Der Vater besucht mit seinem Siebenjährigen das Kiliani-Volksfest in Würzburg und trinkt dann im Festzelt ein paar Schöpple. Als es dem Kleinen zu langweilig wird, zupft er den Vater am Ärmel und sagt: »Du, Babba, wie is denn des, wenn ma vollgsoffe is?«
»Des will ich dir genau sooge: Guck dort niwwer, dort hocke zwää Männer am Tisch. Wenn du mänst, die zwää Männer wär'n viere, dann bischt vollgsoffe.«
»Babba«, sagt der Bub, »dort hockt doch bloß äner!«

Die Ruhe

Herr Meier kommt spät abends mit einem Rausch nach Hause. Seine Frau empfängt ihn mit einer tüchtigen »Gardinenpredigt« und wirft ihm Kochgeschirr an den Kopf. Über den nächtlichen Skandal ist der Hausherr erbost und dringt in die Wohnung ein, um Frieden zu stiften. »Ich bitt mir mei Ruh aus, Herr Meier!« — »Tut mir leid, Nochber«, entgegnete der geschlagene Meier, »hob selber kei!«

Nach dem Volksfest in Nürnberg

»Fröiha ho i vom Volksfest allahand hamtrong!«
»Preise?«
»Naa — Raisch!«

Bierflaschenpfand

»Herr Hausverwalta! Mei Vadda läßt song, Sie mechtn mir die leeren Bierflaschn widda gem, wou er Ihna afn Kopf gschmissn hot, dou sen nu dreißig Pfenni Pfand draaf!«

Auf dem Festplatz

Er: »A Blick auf döi preisgekrönte Schönheit und i bin im Himmel — hout der Ausschreia vor der Buden gsagt!«
Sie: »A Waatschn (Ohrfeige) vo mir — und du bist widda af Erdn — des sogta i!«

Der Schlag

»Sog emol, worum steckstn du imma deini Finga in die Ohrn, wenn i a Los aufmach?«
Fritzchen: »Du houst doch gsagt, wenn a groußa Treffa dabei is, touts an gewaltigen Schlag!«

Die Beule

Arzt: »Ne schöne Beule hab'ns auf dem Kopf. Und a Glasscherben steckt auch noch drinn. Wo ham Sie denn das her?«
Der Festbesucher: »Waß net; mei Freind hout mir blous mein Hout aufgsetzt und mouss de Moußkroug dawischt hom!«

»Heut is Kärwa
morng is Kärwa,
und die ganzi Wocha;
wenn der liebe Sunntog kummt,
hem mer nix zu kocha.
Kocht die Motter ann Epfelbrei,
steig'n mer mit'm Stiefel nei.

Fränkisches Volkslied

Streit nach dem Fest

Zwei Steinmetzen, die nach einem Volksfestbesuch wieder ihrer Arbeit auf einem Friedhof nachgehen, geraten in einen handfesten Streit und werden vor Gericht zitiert. Jeder beschuldigt den anderen. Schließlich spricht der Richter ein Urteil und gibt dem Angeklagten Jakob alle Schuld. Denn der andere, der Josef, hatte erklärt:

»Der Jakob hat mich mit solcher Wucht gegen einen Grabstein geworfe, daß man noch drei Tage lang uff moinem Rücke eingequetscht lese kunnt: Ruhe sanft!«

Berechtigter Einwand

Bürgermeister zum Schmierendirektor, der die Erlaubnis haben möchte, auf dem Volksfest einige Vorstellungen zu geben:
»Es hat keinen Zweck, hier zu spielen. Besonders mit diesem Spielplan! ›Maria Stuart‹, ›Die Räuber‹ und ›Othello‹, das haben wir erst kürzlich im benachbarten Landestheater gesehen«.
Theaterdirektor: »O, das hat nichts zu sagen. Wenn wir diese Sachen spielen, dann kennt man sie nicht wieder!«

Auf einem Kreisfeuerwehrtag in Oberfranken

Festredner: »Die Feuerwehr soll sein wie eine alte Jungfer: stets bereit, aber nie abgeholt!«

Auf dem Heimweg

Ein Handwerksbursche ging einst in Aschaffenburg über den Schloßplatz. Es war Winter, eiskalt und alles gefroren. Plötzlich kommt mit Gebell ein Hund auf ihn zugesprungen. Der Mann will den Hund abwehren und bückt sich, um einen Stein aufzuheben, der aber ist am Boden festgefroren. Voller Zorn poltert der Mann los: »Kriej die Kränk Ascheberg, die Stää binne se o, die Hunde losse se laafe!«

Die Gardinenpredigt

In einer Gerichtssache gegen einen Trunkenbold fordert der Ankläger eine hohe Strafe. Er schildert den Beschuldigten als ein dem Trunke ergebenes Scheusal, das von einem alkoholischen Exzeß in den anderen wanke, seine Gesundheit ruiniere, das Familienleben zerstöre und den Kindern ein schlechtes Beispiel gebe.

Die Folge der Anklage war, daß das Gericht eine gesalzene Strafe verhängte. Ein Assistent hörte erstaunt zu, gratulierte dem Kollegen und wollte wissen, woher er das Material zu dieser Rede habe. Der Gefragte zwinkerte: »Im Vertrauen, es war die wörtliche Wiedergabe der Gardinenpredigt, die mir meine Frau hielt, als ich neulich ausnahmsweise einmal mit einem Räuscherl nach Hause kam!«

Wörtlich

Zum Stadtrichter Weber in Aschaffenburg kam einst ein Fischergässer in Frauenkleidern. Die Anwesenden brachen in helles Gelächter aus. Der strenge Richter aber fauchte den Übeltäter an: »Was unterstehen Sie sich? Ist heute Fasenacht? Was soll die Maskerade?«
Da sagte der Gescholtene treuherzig: »In de Vorladung stäiht, ich soll in Sache vun meiner verstorbene Fraa erscheine!«

Sanfte Gewalt

»Is des wärklich wohr? Der August Meier sitzt im Kittche? Weshalb denn?« — »Weil er sich von seim Nachbor hot hunnert Mark gewwe lasse wolle.« — »Des is doch Unsinn, deshalb bekommt käner Gefängnis.« »Es is doch so. Die Hausdier war zugeschlosse, un do is er dorchs Fenster neigestiege, un weil der Nachbor des Geld nit glei gewwe wollt, hot er'n e bissche gedrosselt!«

Das neue Auto

»Der Reifen ist während der Fahrt geplatzt? Am neuen Auto?«
»Ich bin über eine Flasche gefahren!«
»Hast du denn die Flasche nicht vorher auf der Straße gesehen?«
»Nein, der Mann hatte sie in der Tasche!«

Die Fahrprüfung

Droben in der Ecke zwischen Naila, Hof, Marktredwitz und Kulmbach sagen sie »Fohrprejfing« und dehnen die Worte wie Kaugummi. Die Geschichte vom Karl und seiner Fahrprüfung macht immer wieder die Runde. Karl wollte sein eigener »Chofför« sein und da hat er sich »e Auto kaaft«. Er mußte viele Wochen lang üben, endlich kam der Tag der Fahrprüfung. Er mußte die Schwerzebecher Straße hinaus fahren. Dort begegnet ihm ein Bäuerlein, das mit dem Kuhgespann die Fahrbahn sperrt. Karl hupt, dem Bauer aber war das egal.
Der Fahrprüfer fragt: »Der Bauer weicht nicht aus! — Was machen Sie da?«
Der Karl nimmt das Gas weg, steigt aus und sagt: »Des wärn mer gleich haom! Dem haou ich e paor nei!«
Aus war die Prüfung und der Karl mußte den Heimweg zu Fuß antreten.

Zum fränkischen Fest gehört der Sport. Er wird vielerorts noch ranghöher eingestuft, als Bier-, Wein-, Schützen-, Feuerwehr-, Heimat- und sonstige Volksfeste, ist der »Kärwa« überlegen und findet dort, wo so Rasenhelden wie Maxel Morlock und Heiner Stuhlfauth zugejubelt wurde, entsprechende Würdigung. Die fränkischen Sportberichte übertreffen an Umfang und Aussagekraft jede andere Reportage und schenken — den Schreibern sicher nicht bewußt — auch den Nichtsportlern (und vielleicht gerade diesen) manche fröhliche Stunde.

Beispiel:
Ein Wunder geschah

»Gerade erweckte es den Anschein, als wäre der FSV des vielen Stürmens überdrüssig geworden, da feuerte Hauner aus 18 Metern ein Geschoß los, das der erschrockene Torwart Leichum nur noch fliegend in die linke Tor-

ecke boxen konnte. Hauner fiel vor Freude wie vom Blitz getroffen um, schlug Purzelbäume, unglaublich.
Elf Minuten vor Schluß 1:0 für Viktoria. Dann schien die Sensation komplett. 86. Minute: Hauner würgt sich durch, steht allein vor Leichum, bleibt am Torwart hängen. 88. Minute: Hauner strebt fast von der Mittellinie aus allein auf das Frankfurter Tor zu. Niemand kann ihn einholen und wieder scheißt (auch der Setzer verwechselte in der Aufregung die Buchstaben!) er kerzengerade auf Leichum!«

(Sportbericht anläßlich einer Begegnung zwischen FSV-Frankfurt und Viktoria Aschaffenburg, veröffentlicht am 15. Oktober 1956 in einer unterfränkischen Zeitung.)

Ausnahmen? Nein! In fränkischen Sportberichten werden dramatische Situationen mitunter interessante Komödien, die Profis wie Laien Freude machen.
»Die Mannen purzelten wie das wilde Heer über das Feld.«
»Der Ball zischte dem Torwart zwischen die Beine.«
»Der Linksaußen legte sich, um die Mitte zu stärken, nach rechts ins Zeug, hatte aber plötzlich keine Füße mehr, sondern nur noch Hände.«
»Der Vordermann liebkoste das Leder, während der Hintermann sein Talent verspritzte und wie eine Latte auf der Linie liegen blieb!«
»Der Torwart hing wie ein Fragezeichen am Gitter!«
»Der Schiedsrichter schrie sich sein sportliches Ehrgefühl aus dem Leib.«
»Der rechte Läufer tänzelte um den Ball, als wäre er ein rohes Ei, warf sich dann mit Wucht darauf und verhalf seiner Mannschaft zum Sieg!«
»Die Zuschauer brüllten wie ein Mann nur einen Namen, aber der Gerufene legte sich auf den Bauch, um Schwerhörigkeit vorzutäuschen!«
Und so weiter, und so fort.

In Franken wird gefeiert, und wenn manchmal den Festen ein paar Händel folgen, so ist das nicht weiter schlimm. Wörter, um dem anderen die eigene Meinung kundzutun, gibt es genug. In der Nürnberger Gegend kennt man allein für das Wort »Dummkopf« so viele Variationen, daß der Nichtfranke, wenn er zum Beispiel »Seftl« genannt wird, noch »Danke schön« sagt. Je nach Laune wählt der Nürnberger: Bläidl, Doldi, Dussl, Gimpl, Gischpl, Hetschapäiter, Hulzkaschper, Lappl, Säckl, Schnäigons, Simpl oder Trottl.

Im Gerichtssaal

Richter: »Sie haben als Zeuge die Schlägerei miterlebt. Was ist Ihnen aufgefallen?«

Zeuge: »Ich sitz ganz ruhig do un trink mein Schoppe. Do kimmt de Kumbeer uff mich zu un haut mir e Stuhlbää uff'n Kopp. Deß is mer uffgefalle.«

✳

Verteidiger: »Und dann, meine Herren, vergessen Sie nicht, daß der Angeklagte zehn Kinder hat. Wie muß sich schon ein Kind schämen, wenn der Vater eingesperrt wird — wie aber erst zehn!«

✳

Und als einmal in einem Ort in Unterfranken während einer Gerichtsverhandlung der Richter den Angeklagten nach der Familienstärke fragte, bekam er zur Antwort:

>»Wammer alle zammehalte,
>Verhaache mer, — ganz ouhne Schbaß —,
>Do kann Herr Richter Gift druff nemme,
>Glatt die ganze Fischergaß!«

FRÄNKISCHE SCHILDBÜRGERSTREICHE

Das »Fränkische Schilda« liegt am Rande der Fränkischen Schweiz, unweit von Forchheim, und ein echter Franke kennt den Ort genau, auch wenn er nicht sofort weiß, daß »Reuth« der Name ist. Ein Baron von Guck, der dort ein Schloß bewohnte, soll den Reuther Spitznamen veranlaßt haben. Wer in Reuth geboren ist, wird gerne als »Kuckuck« bezeichnet. Der Kuckuck, in anderen Orten real und irreal zu finden, hat für Reuth eine besondere Bedeutung. Ein Reuther Bauer fand auf seinem Feld einen lahmen Vogel und nahm ihn mit nach Hause. Ein Vogelhäuschen wurde gebaut, der Vogel hineingesetzt und gut gefüttert. Verwandte und Bekannte kamen und bestaunten den Vogel, den niemand kannte, dessen Geheimnis aber auch seinen Wert bestimmte. Der Vogel wurde immer hübscher und ganz Reuth war stolz auf den Besitz. Eines Morgens aber flötete der Vogel ein deutliches »Kuckuck«; ausgerechnet jenes Wort, das den Reuthern schon immer mißfiel. Die Reuther waren entsetzt. Der Gemeinderat wurde eigens zu dem Zweck einberufen, den inzwischen zum Symbol gewordenen Vogel zu bestrafen. Man beschloß, den Vogel des Ortes zu verweisen und ihn einem ungewissen Schicksal preiszugeben. Das leuchtete den Gemeinderäten ein. Der Vogel bekam die von ihm langersehnte Freiheit, flog über das Dorf hinweg in die Wolken und jubelte: »Kuckuck!«
In Reuth versteht man Humor und zitiert gerne:

> Ganz ohne »Vogel« geht es nicht ...
> Ein Mensch, wenn er sich ehrlich nennt,
> auch immer seinen Vogel kennt.
> Laßt's euch auf keinen Fall gereu'n,
> euch dieses Tierleins zu erfreu'n.

Und geht ihr immer brav am Saum:
Schlagt auch mal einen Purzelbaum
und treibt's zuweilen, liebe Leut'
wie einstens die in und um Reuth!

Der erste Schildbürgerstreich

Es war ein nasser Sommer, kein Tag ohne Regen, und das Getreide wuchs
auf dem Felde aus. Da versammelten sich die Gemeinderäte von Reuth und
einer sagte: »In der Apotheke kann man alle Mittel haben, gewiß auch eines für schönes Wetter.« Also wurde der Gemeindediener in die Stadt ge-
schickt.
Er kam zum Apotheker und verlangte von diesem ein Mittel für schönes
Wetter. Der Apotheker, der den spaßigen Kunden sofort durchschaute,
lächelte und versprach das Schönwettermittel einzupacken. Er sperrte dann
eine Hummel in eine Schachtel, übergab diese dem Gemeindediener und
schärfte ihm ein, sie erst daheim zu öffnen, weil sich sonst das schöne Wetter verzöge. Der Reuther ging fort, aber auf halbem Wege war die Neu-
gierde so groß, daß er die Schachtel öffnete, um zu sehen, was darin brumme.
Die Hummel flog davon. Er lief ihr nach und wollte sie auf Reuth zu scheu-
chen: »Flieg auf Reuth zu, schönes Wetter!«
Wir können zwar kein Wetter machen,
doch kann, wer's kann, bei jedem lachen. —
Die schönste Kunst beglückt wohl jeden,
die, über's Wetter mitzureden. —

Nachdem die Reuther im Stich gelassen worden waren, schlug einer von
ihnen vor, dem Landesherrn, dem Fürstbischof von Bamberg, genaue Vor-

76

schläge zur Herausgabe eines Gesetzes zu unterbreiten, daß zur Erntezeit die Sonne scheinen müsse. Ob es dazu aber wirklich gekommen ist, erscheint fraglich.

> Noch ein Gesetz fehlt auf der Welt,
> daß Wochen-Ends kein Regen fällt!

und:

> Viel Benzin bleibt unvertan
> regnets sonntags, was es kann!

Und in Reuth heißt es dialektgenau:

> Die Reuthä laafn und kaafn bän Reeng (Regen)
> Sunnaschei unn Schöswedä (schönes Wetter) ei
> in dä Abbädeng! (Apotheke)

Der zweite Schildbürgerstreich

In Reuth feierte man eine Hochzeit. Nach dem Mittagessen sollte es Kaffee geben. Die Köchin hatte in der Stadt Kaffeebohnen gekauft, von einer Kaffeemühle aber hatte sie keine Ahnung. Sie füllte die Bohnen in einen Topf mit Wasser und ließ sie kochen. Als die Hochzeitsgesellschaft den Kaffee haben wollte, brachte die Köchin die Brühe und rief: »So, ihr Häffelesgutzer! Da habt ihr euer neumodisches Zeug. Die Brühe hab ich fortgeschüttet, die hat ausgesehen wie Miststruz; und die Bohnen hab' ich nicht weich gebracht. Jetzt freßt recht!«

Mancher bläst, was ihn nicht brennt.
Kein Bauer frißt, was er nicht kennt?

Der dritte Schildbürgerstreich

Ein Reuther wollte einmal nach Nürnberg fahren. Er kam auf den Bahnhof und fragte am Schalter, was ein Fahrschein nach Nürnberg koste. Einen Gulden sagte der Bahnhofsbeamte. Das war dem Reuther zuviel und er wollte handeln, weil er dachte, es sei bei der Eisenbahn wie auf dem Markt, wo es keine festen Preise gab. »Zehn Kreuzer«, sagte er, »ich gebe zehn Kreuzer aber keinen roten Heller mehr.« Aber der Beamte ließ selbstverständlich nicht mit sich handeln und der Reuther bekam keine Fahrkarte. Zornig ging er fort. Er war noch nicht weit vom Bahnhof entfernt, als er die Lokomotive pfeifen hörte. Er meinte, der Pfiff gelte ihm und sollte eine Aufforderung sein, sich zu beeilen, um dennoch mitfahren zu können. Er aber schrie: »Hutzelbrüh, nichts da! Jetzt pfeift ihr mir und ich pfeif' euch was!«

Wenn du net willst und du net magst
und du net mit mir tanzen magst,
dann trag ich dir auch dein Bündlein net
und geh net mit dir heim!

Man werfe keinen Prinz hinaus,
man stelle ihn ins Hinterhaus,
wer weiß, vielleicht erscheint ein Tag,
wo man ihn wieder brauchen mag!

Fränkische Sprüche aus Reuth

Fränkische Schildbürgerstreiche gibt es in jeder Stadt und in jedem Dorf; sie sind der warme Regen auf den zumeist trockenen Fluren der Historiker, die gerade in Franken mit nimmermüder Sorgfalt ihre Forschungen betreiben, Blätter, Blättchen, Schriften, Jahrbücher, Kalender, Mitteilungen, Zeitungen, Zeitschriften und Notizen herausgeben und die fränkische Geschichte wie einen Hefeteig auswalzen, um immer neues Gebäck herzustellen.

Was wäre die Geschichte der Stadt Mergentheim ohne die hübsche Girlande, die ein Schäfer namens Gehring im Jahre 1826 hinzufügte? Die Schafe, die der wackere Mann an der in jenem Jahr fast ausgetrockneten Tauber entlangführte, fanden plötzlich auf einer Uferwiese eine Quelle. Der Schäfer informierte die Behörden; und ausnahmsweise schaltete die Bürokratie rasch. Drei Jahre nach der Quellentdeckung entstand das erste Bad- und Brunnenhaus und Kronprinz Karl von Württemberg, Ehrengast bei der Grundsteinlegung, würdigte die Tat der wassersuchenden und quellefindenden Schafe.

In Aschaffenburg gab es im Jahre 1950 einen »Schwabenstreich«, als ein an der Lokalgeschichte der Stadt interessierter Bürger, der den Namen Schwaben trug, plötzlich den Nachweis erbringen wollte, der Maler Mathias Grünewald sei in der Stadt geboren und dort auch unter einer Kirchenruine in einem Park inmitten der Stadt begraben. Die Grünewaldforscher, aufgescheucht wie ein Bienenschwarm, schrieben sich die Finger wund, um Richtigstellungen zu publizieren und die Thesen des wackeren Bürgers zu entkräften. Im Auftrag der Stadt wurden sogar innerhalb der Kirchenruine in dem fraglichen Park, unter wissenschaftlicher Leitung, mehrere Grabungen durchgeführt, um die Forschungen des Laien zu erschüttern. Kriminalpolizei und Staatsanwaltschaft wurden bemüht und das Institut für gerichtliche Medizin in Frankfurt mußte ein Gutachten abgeben, denn während einer Grabung im Bereich der Kirchenruine wurde tatsächlich ein Skelett gefunden. Der Laienforscher triumphierte, die zuständigen Wissenschaftler aber waren enttäuscht, denn nach dem Erstgutachten sollte das Skelett mit größter Wahrscheinlichkeit von einem jungen Manne stammen. Der Kirchenbau aus dem 16. Jahrhundert, in dem das Skelett gefunden wurde, gehörte aber schon immer zu einem Frauenkloster! Die zuständigen Herren teilten das dem Institut mit und schrieben, daß man der Meinung gewesen sei, das Grab einer Klosterfrau entdeckt zu haben. Das Institut schrieb darauf am 18. 9. 1951 zurück: »Es ist nicht ganz ausgeschlossen, daß die Knochenreste von einer jugendlichen weiblichen Person herrühren, bei der die Geschlechtsunterschiede infolge Fehlkonstitution im Sinne des Virilismus so dürftig ausgeprägt waren, daß die männlichen Eigenschaften überwogen.«

Der Schwabenstreich war perfekt. Man hatte etwas zum Lachen und nützte die Gelegenheit!

Reichlich Stoff zum Lachen lieferte auch ein amerikanischer Soldat, Colonel Jeffrey O. Knight. Der Amerikaner war von der Idee »Ferien auf dem Bauernhof« entzückt und zog mit Frau und fünf Kindern nach Hüttenthal im Odenwald. Auf dem Hof gab es eine kräftige Muttersau und die warf eines Tages neunzehn Junge. Das letzte Ferkelchen aber war nur eine halbe Portion, deshalb wurde die Schlachtung beschlossen. Die Urlauberfamilie aber legte einstimmig Widerspruch ein, taufte das Ferkel »Napoleon Bonaparte« und nahm es nach Urlaubsende mit in die Garnison. Es wurde in einer amerikanischen Schule als Wundertier bestaunt und als Werbung für »Urlaub auf dem Bauernhof« im Odenwald und im Spessart benutzt. Das Ferkel begrunzte seinen Job und war zufrieden. Die »interessanteste Schweinerei« in unserem Jahrhundert, von der der zuständige Minister meinte, daß sie den Fremdenverkehr mehr fördere, als das Geld von Bund und Land, wurde in der »Frankfurter Allgemeinen Zeitung« am 27. 1. 1972 gebührend gewürdigt!

In Wonsees im Kainachtal wurde am 15. Mai 1565 Friedrich Taubmann geboren, der als »Fränkischer Eulenspiegel« berühmt wurde. Er brachte die »Fränkischen Schildbürgerstreiche« an den kurfürstlichen Hof nach Dresden und genoß als »kurtzweiliger Rat« ein größeres Ansehen, als der Rektor der Universität Wittenberg. Am Beginn des 18. Jahrhunderts erschien in Berlin ein Buch »Taubmannia«, das zahlreiche Reden und Gedichte von ihm enthält, und das genauso skurril ist, wie das fränkische Dorf, das Taubmann in seinen Gedichten immer wieder zitiert, das heute aber nicht mehr besteht: Hundschiß!

In Königsberg in Unterfranken, zwischen Schweinfurt und Bamberg, wurde um die Mitte des 15. Jahrhunderts ein Mann geboren, der als Sohn eines Müllers den Vornamen Johann bekam, der sich aber — nach Universitäts-

studium — mehrere interessant klingende Namen zulegte und der schließlich als »Regiomontanus« (Übersetzung des Namens »Königsperger«) in
die Geschichte einging.

Sein Lehrbuch der Geometrie bezeichnete der Gelehrte als »Werk ergiebi-
gen Vergnügens«, mit dem er seine Zeitgenossen unterhalten, aber nicht
erschrecken wollte. Als Mitverfasser des großen Planetenbuches erfand er
den längsten Buchtitel, den er gerne als »Schildbürgerstreich des Geistes«
deklarierte:

»Das große Planetenbuch, welches aus dem Platone, Ptolomeo, Hali, Albu-
masar, Barlaam und Johann Königsperger auf fleißigste zusammengezogen,
benebst der Geometrie, Physiognomie und Chiromantie, wie auch der alten
Weiber, Philosophie, und kleinen Cosmographie, darinnen nicht nur was
dem Menschen für Glück, Unglück, Reichtum, gute und böse Zeit begegnen
kann, ingleichen, wie einem jeden alle Jahre seine Revolution zu setzen,
und ein Mensch durch alle Monate des Jahres sich verhalten soll, kürzlich
und deutlich berichtet, sondern auch alle Länder und Wasser beschrieben
werden.«

Frankfurter Ausgabe von 1789

Jägerlatein im Spessart

Jäger: »In drei Woche habe ich 999 Hase geschosse.« — Jagdfreund: »Warum sagen Sie denn nicht gleich tausend?« — Jäger: »Was glaabe Sie denn,
daß ich wege dem äne Has noch e Lüge sage soll?«

Ei so lüg!

Die Nachbarn saßen am Sonntag im Wirtshaus beisammen, und der
Schmied erzählte ein Stücklein aus dem letzten Krieg in Rußland: »Eines
Tages«, sagte er, »mußte ich weit übers Feld reiten. Es hatte furchtbar ge-

schneit und ich sah oft nur die Ohren meines Pferdes aus dem Schnee herausschauen. Endlich komme ich in eine finstere Höhle. Ich konnte nicht rechts und nicht links ausweichen, ich mußte hinein. Ich reite in der Finsternis, eine, zwei, ja sechs Stunden. Plötzlich wird's wieder hell und ich sehe, daß ich in einem Fluß geritten bin, in dem kein Tropfen Wasser mehr war. Der Frost hatte das Wasser in die Höhe gehoben, und das war über mir zu einer dicken Eisdecke zusammengefroren!« »Ei so lüg!« riefen die Nachbarn und staunten.

Der Amtmann lächelte und gab dann auch eine Geschichte zum Besten: »Ihr kennt doch alle den großen Gemeindebackofen. Seit fünf Jahren wird darin nicht mehr gebacken und seit fünf Jahren wird er nicht mehr geheizt. Gestern ging ich daran vorbei, greife in Gedanken in die Backofenöffnung, und — ihr mögts glauben oder nicht! — ich verbrenne meine Finger!« »Ei so lüg«, riefen die Nachbarn und staunten abermals. »Aber«, sagte der Amtmann, »meine Geschichte klingt wie eine Lüge, aber sie ist keine Lüge!« »Hast du dir wirklich nach fünf Jahren am Ofen die Finger verbrannt?« »Ja, wahrhaftig, das habe ich, im Backofen wachsen Brennesseln!«

Nürnberger Schildbürgerstreich

In einer lauschigen Nacht ging der Xaver besinnlich durch die Straßen. Plötzlich hörte er zaghaft rufen: »Margaret, — Margaret!« Xaver suchte den Rufer und entdeckte ihn schließlich unter einem Torbogen stehen. Xaver erkannte sofort die Lage und war sich bewußt, daß mit einem so schüchternen Ruf das sehnlichst herbeigewünschte Mädchen nicht zu erreichen war. Xaver ging deshalb zu dem jungen Mann: »A su erobert ma si ka Maadla«, sagte Xaver, »dös häirt ka Mensch, wenn Sie dou naafglotzn und ganz leis Margaret zwitschan. Dös mouß schmettan, wenn ma sein Maadla schreit. Paßns aaf, i machs Ihna vur, damit Sies lerna!«

Der junge Mann war ganz gerührt: »Wolln Sie wärkli für miech schreia?«
»Gewiß!«

»Dann mouß i Ihna song . . .«

»Nix dou,« unterbrach Xaver und schmetterte los: »Marrrgareeet!«
Ein gewaltiges Echo war die Folge.

»Dös houts ghäirt!« meinte Xaver siegessicher. Wie richtig er kalkuliert
hatte, wurde sofort offenbar. Knarrend öffnete sich ein Fenster, eine Hand,
die einen riesigen Nachttopf umklammerte, kam zum Vorschein, schwenkte
direkt auf den Xaver zu und — patsch — hatte er den Inhalt auf dem Kopf.

»Sie, Kreizdunnawetta-Kerl«, schimpfte eine Frauenstimme, »wos wollns
denn vo meina Tochta? Etz hob ichs Ihna oft gnoung gsagt, Sie solln ma
net imma nachts vur mein Haus umananda spektakeln. Machens, daß weita-
kumma. Sie Herrgottsackramenta, sunst hul i die Polizei!«

Dem Xaver verschlugs die Sprache. Er suchte den jungen Mann, aber der
war längst verschwunden. Tropfnaß wackelte er dann heimwärts.

»I mouß in an Strichreng (Strichregen) neikumma sei«, erklärte er seiner
Alten als Entschuldigung. Und er hielt sich nunmehr immer an das Sprichwort:

　　　　　»Wos i net siech, glab i net!«

Vesperstunde im Spessart

Karl: »Heit Mittog hab ich awer e Esse gehott, pui Deiwel!« —

Johann: »Wos hoste dann zu esse kriegt?«

Karl: »Deerscht (Zuerst) Rinsfläsch, dann Sauerbrote un Äppelkompott.«

Johann: »No, des is doch e fein Esse gewest.«

Karl: »Für mich nit, es wor alles vom Gaul.«

Johann: »Aaach des Kompott?«

Nürnberger Witz

»Nachberi, — lei mer dei Safn (Seife). Derfst dafür am Sonntag dei G'räucherts in mei'm Sauerkraut kochn —!«

Die Einfahrt

In einem Dorf bei Künzelsau mußte einmal im tiefen Winter die verschneite Straße freigeschaufelt werden. Plötzlich erschrak einer der Schaufelnden: »Dunnernei, jetzt isch jo d Ei'fahrt in mei Wiese zugschäufelt; do kou i den Sommer gor net mit ma'm Haawoocha (Heuwagen) rausfohrn.«

Licht aus! Vorhang!

Vor etwa 100 Jahren wurde im Würzburger Stadttheater das Schauspiel »Der wohlthätige Derwisch« (Zauberspiel mit Maschinen, Arien und Chören) mit großem Erfolg aufgeführt. Während der Premiere aber gab es einen Zwischenfall. Zahlreiche Schneider- und Bäckergesellen der Stadt waren als Statisten engagiert worden. Sie mußten als Soldaten aufmarschieren und eine Schlacht darstellen. Jeder hatte genaue Instruktionen bekommen, wie und wo er niederzufallen habe. Als schließlich die Szene kam, wo die Soldaten niederstürzen mußten, fiel ein feister Knappe der Bäckerzunft über einen hageren Schneider. Der Schneider konnte kaum atmen und gab dem Bäcker zu verstehen, daß er sich anders legen solle. Der Bäcker aber machte seinem Untermann begreiflich, daß er tot sei und liegen bleiben müsse. In diesem Augenblick machte der Schneider ein geschicktes Manöver und warf den Bäcker ab. Der Offizier, der im Schauspiel die Schlacht zu gewinnen hatte, wollte die Situation retten und brüllte: »Kerl, bist du des Teufels, willst du liegen bleiben?« »Ach was«, sagte der Schneider, »da liegen noch Tote genug, auf einen weniger kommt es nicht an«, und trollte davon.

»ICH HAB'S GEWAGT MIT SINNEN UND TRAG' DESS NOCH KEIN REU'!«

Ulrich von Hutten

»Ich hab's gewagt mit Sinnen und trag' deß noch kein Reu, — mag ich nit dran gewinnen, noch muß man spüren Treu!« so beginnt ein Gedicht, das Ulrich von Hutten 1521 schrieb und das als Flugblatt weite Verbreitung fand. Sogar heute noch werden die Verse des wackeren Mannes, der — aller fränkischen Gleichgültigkeit zum Trotz — mit Luther sympathisierte, gerne zitiert und immer noch gilt, was einst der Chronist Conz Leffel behauptet hat, als er vom »edlen Hut aus Franken« sprach und damit Ulrich von Hutten meinte, der 1488 auf der Burg Steckelberg in Franken geboren wurde. Dieser »edle fränkische Hut«, gleichwohl er immer mit Schwert und Feder dargestellt ist, gab seiner Heimat jedoch weit mehr, als nur das Symbol edler Ritterlichkeit. Bereits als Klosterschüler in Fulda inszenierte er bäuerlich-derbe Schwänke, so daß seine Mitschüler nicht nur seinen Mut, sondern auch seinen Humor bewundern konnten. Der weitgereiste Hutten, der später in Wien die Politik Maximilians I. kritisierte und die »Dunkelmännerbriefe« herausgab, wagte es sogar einmal, an der Wiener Universität Vorlesungen über Dichtkunst zu halten. Der Rektor aber erwirkte ein Verbot und verbannte die heitere Muse. Er hatte jedoch die Rechnung ohne den fränkischen Ritter gemacht. Nach zeitgenössischen Berichten »rückte der Lotterbube, wie ein Krieger einherschreitend, mit einer Sturmhaube auf dem Kopf und einem langen Messer an der Seite, dem Rektor zu Leibe und wagte ihn sogar zu duzen. Dafür wäre er in den Karzer geflogen —, wenn er nicht einflußreiche Bekannte gehabt hätte.«
So ähnlich — wenn auch nicht mehr mit studentischem Ulk untermauert — handelte Hutten sein ganzes Leben lang, schockierte die Geistlichen und

die Gelehrten mit seinen Reformplänen und mußte sich sogar den päpstlichen Bann gefallen lassen. Der Titel seiner Schrift »In Tyrannos«, gegen die Fürsten gerichtet, ermutigte noch nach 250 Jahren Friedrich von Schiller, der mit den Gedanken Huttens sein Schauspiel »Die Räuber« schrieb. Erster Akt, erste Szene: »Franken, Saal im Moor'schen Schloß.«

Und fast zu gleicher Zeit entlarvte Jean Paul den Kult des Adels, der schon dem Ritter Ulrich von Hutten verhaßt war. Der adelige Wappenkult vor allem wurde der Lächerlichkeit preisgegeben.

»Hase, Hasenkopf sei als adeliger Titel nicht edel genug? — Himmel! Ich flehe Sie an, sind denn Ochs, Esel, Bock, Schwein, Gans, Schaf, Teufel so plötzlich und auf einmal als keine alten mehr anerkannt, welche von Geschlecht zu Geschlecht forterben? Es führen die Herren von Biberen, ein fränkisches Geschlecht, im silbernen Felde einen Eselskopf — die Herren von Sackesel oder Garten einen ganzen beladenen Esel — die von Riedheim gar einen springenden, mit dem Schwanze zwischen den Beinen; der berühmten Riedesel und ihres Wappens gedenk ich kaum. — Nun kommen mir noch die Herren von Schaf, die Herren von Schwein und von Schweinichen, die Herren Gans von Puttlitz, die von Hund, die von Bock, alle mit ihrem verschiedenen Gevattervieh auf den Helmen, zu Hilfe, und die Freiherren Teuffel von Gunderstorff gar mit dem Teufel selber, und was eben der Stärkste, alle mit redenden Wappen, wie wir es in der Wappenkunde nennen!«

Schiller hätte sicher seine helle Freude daran gehabt. Und in den Dörfern der burgundischen und adelsträchtigen Hohenloher Landschaft sagen sie noch heute, auf die historische Geschichte anspielend:

»Jedes Häffale find a Sterzle!«

In Franken, wo soviele Adelsgeschlechter beheimatet sind, haben viele Kriege ihre Spuren hinterlassen. Aber das »Lächeln Frankens«, das zahlreiche Dichter gedeutet, konnte kein Krieg verscheuchen. Sogar die unfreiwilligen Kriegsberichterstatter vergangener Jahrhunderte, wußten etwas davon zu künden. Über den preußischen Aufmarsch vom Jahre 1806 schrieb Karl Leberecht Immermann in seinen »Memorabilien«:

> »Noch wunderlicher aber kamen uns die rot angestrichenen Küchenwagen der Generale und Obersten vor. Diese Wagen hatten nämlich zu beiden Seiten lange Gitter mit vorgehängten Freßtrögen, und hinter den Stäben strobelte sich und gackerte das Federvieh — Hühner, Kapaunen, Truthennen —, welches die Befehlshaber zur Sicherung ihrer Tafelfreuden mit in den Krieg nahmen. Eine solche Fürsorge kam selbst uns Kindern befremdlich vor, und ich erinnere mich, daß einmal einer meiner Spielkameraden bei dem Anblicke solcher beweglicher Hühnerhöfe ganz naiv fragte, ob es denn unterwegs in den Dörfern keine Hühner gebe.«

Die Demonstration

Als Aschaffenburg die Hauptstadt des neuen Fürstentums geworden war, kam Napoleon in die Stadt, wo er von Fürstprimas Dalberg empfangen wurde. Die Schüler sämtlicher Lehranstalten mußten in den Straßen zum Schloß Spalier bilden und sollten den Kaiser mit Hochrufen empfangen. Der Kaiser kam und wurde vor dem Schloß von den Schülern, die auf der linken Seite standen, lebhaft begrüßt, auf dem rechten Flügel aber herrschte absolute Ruhe. Der Kaiser vermutete eine verabredete Demonstration und beauftragte einen Adjutanten, den Grund des Schweigens zu erforschen. Der Adjutant stellte den für die Schüler verantwortlichen Bürgermeister zur

Rede: »Wer gebot den Schülern auf dem rechten Flügel zu schweigen?«
Der Bürgermeister antwortete ruhig: »Der liebe Gott, hoher Herr! Uff dem
rechten Fliechel stehe die Zöchlinge von de Taubstummeanstalt!«

Falsch verstanden

Als nach einem Gefecht im Jahre 1866 preußische Truppen in eine unter-
fränkische Stadt einmarschierten, kam ein Offizier in ein Wirtshaus, um
sich seine Feldflasche mit Rum füllen zu lassen. »Kann man hier vielleicht
Rum kriegen«, herrschte der Offizier die in der Wirtsstube versammelten
Gäste an. Da erhob sich ein biederer Bürger und sagte: »Bei uns werd' net
rumgekroche, do werd sich uff de Arsch gesetzt un Eppelwoi (Apfelwein)
gesuffe!«

Die Überflüssigen

Preußen und Franken haben sich von jeher schlecht verstanden. Als in den
70er Jahren viele preußische Unteroffiziere als Kapitulanten in die bayerische Armee eintraten, hatten besonders die Franken daran viel auszusetzen.
Eines Tages traf ein fränkischer Bauer einen preußischen Unteroffizier in
einem Wirtshaus. Der Unteroffizier wollte den Bauern ärgern und sagte:
»Welcher Unterschied besteht zwischen einer Kanone und einem Bauern?«
Der Bauer konnte keine Antwort geben. Da lachte der Unteroffizier und
sagte: »Eine Kanone hat ein Blitzrohr, ein Bauer ist ein Schlitzohr!« Der
Bauer aber gab sich nicht geschlagen. »Jetzt will ich Ihne aach emol e Rätsel
uffgewe. Sage Se, wos is flissiger als Wasser?« Das wußte der Unteroffizier
nicht. Da sagte der Bauer: »Des sinn die preußische Unneroffizier bei uns,
die sinn nämlich iwwerflissig!«

Das Übel

Am 22. März 1867 wurde in einem von den Preußen besetzten Dorf zum erstenmal des Königs Geburtstag gefeiert. In der Kirche war ein Festgottesdienst und am Schluß sang der Geistliche das vorgeschriebene Gebet: »Domine salvum fac regem nostrum Guilelmum.« (Schütze o Herr das Leben unseres Königs Wilhelm.) Gleich darauf tönte es von der Orgelbühne herunter: »Et libera nos a malo!« (Und erlöse uns von dem Übel!)

Das unbekannte Tal

Im Jahre 1912 wurde in Bamberg der neue Hafen eingeweiht. Zu den Feierlichkeiten war der damalige Kronprinz Ludwig von Bayern erschienen und der Hafen wurde auch ihm zu Ehren »Prinz-Ludwig-Hafen« genannt. Nach dem Fest machte der Kronprinz mit einigen Herren der Stadtverwaltung einen Ausflug in die Fränkische Schweiz und als Führer wurde der Magistratsrat und Feuerwehrkommandant von Bamberg gewonnen. Als die Ausflugsgesellschaft an der Behringersmühle stand, wo drei Flußtäler zusammenstoßen, fragte der Kronprinz den Reiseführer: »Wie heißen die Flußtäler?« Der Gefragte erwiderte eilfertig: »Des is äs Wiesent-Tal —, un des is äs Püttlach-Tal —, un des — un des —.« Der Name des dritten Tals fiel ihm nicht ein, aber er sah eine Plakattafel am Wege und meinte, sie gebe über den Namen des dritten Tals Auskunft. Er sagte: »Un des is äs Continen-Tal!«

Majestätsbeleidigung

In einem Residenzstädtchen in Mittelfranken saßen um die Jahrhundertwende in einer Gaststube an drei Stammtischen die Bürger. Ein Stammtisch war den Honoratioren, ein anderer den Bauern und der dritte den Knechten

und Taglöhnern vorbehalten. Pötzlich sagte ein Bauer sehr laut, daß es der Amtsrichter am Tisch der Honoratioren hören mußte: »Und ich sochs aich, unser Kaiser is a Lump! A großer Lump sogar!« Da stand tatsächlich der Amtsrichter auf, weil er glaubte eine Majestätsbeleidigung gehört zu haben. Als er vor dem Bauern stand, um diesen zur Rede zu stellen, sagte dieser abermals: »Und i soch nochemol, der Kaiser is a Lump!« Dabei deutete er auf den Stammtisch wo die Knechte saßen und meinte: »Oder maanet Se net au, mei Großknecht, der Kaiser, sell jetzt hamm zum futtere? Un der Kaiser, der Lump, hockt noch immer ba sane Viertelich!«
Der Herr Amtsrichter mußte sich das schadenfroh-schlitzöhrige Gelächter wohl gefallen lassen!

Schlagfertig

Major Knackstiefel und Oberleutnant Eichelberg vertrugen sich schlecht. Vor allem konnte der Major den Hund des Oberleutnants nicht ausstehen. Als beide wieder einmal an ihrem Stammtisch saßen, war auch Eichelbergs Hund dabei und lagerte sich unter den Tisch. Der Major sagte: »Nehmen Sie doch den greulichen Köter von mir weg, ich glaube, ich habe schon Flöhe!« Sagte Eichelberg zu seinem Hund: »Ivo, geh da weg, Herr Major hat Flöhe!«

Die Probe

Der Herr Oberst hört, daß in der 3. Kompanie ein Mann sei, der drei Kommißbrote auf einen Sitz essen könne. Diese Errungenschaft will der Herr Oberst seinen Offizieren nicht vorenthalten. Er befiehlt dem Feldwebel, mit dem Mann um 6 Uhr abends ins Casino zu kommen. Das geschieht. Das erste Brot verschwindet, das zweite folgt, dem dritten droht das gleiche Schicksal. Plötzlich bei der Hälfte des dritten Brotes, hört der

Esser auf. Er kann nicht mehr. Kein Rippenstoß und kein gütliches Zuraunen von seiten des Feldwebels helfen. Kein Drohblick des blamierten Regimentskommandeurs vermag die Lage zu retten. Der Oberst wendet sich an den Feldwebel: »Was soll das —?« Der Unglückliche stottert: »Entschuldigen, Herr Oberst, ich wäß nit, was des bedeute soll. Dreimal hob ich heit mittag mit ihm durchprobiert und keinmal hat er versagt!«

Die Jäger kumme!

Am Scharfe Eck um Elfe 'rum,
Da lääft zusamm' es Publikum,
Dienstmädche, Kinner, Bollezei,
Aach Dintebube (Schüler) sein dabei
Mit ihre Bicher unnerm Arm,
Pollake (Forststudenten) aach 'n ganze Schwarm.
Un alle schtäihn se da un passe
Un gucke alle 'nab die Gasse.
»Herste no' nix?« »Nä, noch kän Ton.«
»O Jesses, horch, sie kumme schon!«
Erst hert mer in de Fern' was blose,
Da recke alle glei' die Nose,
Dann duht's scho' deitlicher trumpete,
An alle Fenster, alle Läde,
An jedem Haus, uff jede Trepp'
Da siecht mer Kepp (Köpfe), da siecht mer Zepp (Zöpfe).
Jetzt kummt's marschiert im gleiche Schritt,
De Musikmäster in de Mitt',
Der schlägt 'nen Takt bei jedem Satz,
Zwä gäih'n voraus un mache Platz!

Un hortig lääft dorch Dreck und Schpeck
'n Haufe Kinner vorne weg:
Der ohne Hut, der ohne Schuh',
Der bläst Hammonika dezu,
Der hat sei' Schwesterche am Bennel (Band)
Un der kriegt mit'm annern Hennel (Rauferei),
Werft in die Luft sei' Wollemütz',
Der haacht'n (schlägt ihn) mit e Weidefitz, (Weidengerte)
Der lacht, der pfeift, der hippt, der schpringt,
De Äne flennt, de Anner singt,
Bei dem Gewerg', bei dem Gedräng',
Kummt fast die Musik in die Eng'.

Die Jäger! Herrgott! Dunnerschlag!
Die Schako un die Säbel blitze,
Un was se lache, was se schwitze!
Ganz schtolz marschier'n se iwwern Platz
Un jeder guckt glei' nach sei'm Schatz!

»Ascheberger Sprüch« v. Trockenbrodt

Diese schöne friedliche Zeit in Franken hat auch Ludwig Thoma erlebt, der Urbayer aus Oberammergau. Als er seinen Josef Filser schreiben ließ:
»Ober der Donau siend es frankhen, wo die meißten schantharmen und biamthen herkohmen«,
zog er zwar, politisch gesehen, einen dicken Strich durch Bayern, bewies aber deutlich, daß ihm an Franken etwas gelegen war. Es ist zwar nicht erwiesen, daß ausgerechnet Franken das Gros der Gendarmen und Beamten liefert, fest steht jedoch, daß sich Ludwig Thoma in Franken mehr als anderswo mit Polizisten und beamteten Professoren herumärgern mußte,

sofern man überhaupt seine Debatten als Ärger bezeichnen will, denn für ihn war die »Forscht-Pollake-Zeit« (Forst-Akademiker-Zeit) ein humorvoller Lebensgenuß. Er kam als Neunzehnjähriger auf die Aschaffenburger Forsthochschule, weil der Familienrat beschlossen hatte, daß er Förster werden sollte. Er war Mitglied der Studentenverbindung »Hubertia« und als Unterhalter genauso beliebt, wie als tapferer Gegner auf dem Fechtboden. Daß die Studentenstreiche in der kleinen Stadt nicht nur den Professoren Kummer machten, sondern auch manchesmal die Polizei zum Handeln zwangen, wurde mehr als einmal bestätigt. Im Jahre 1886 schrieb Ludwig Thoma an einen Freund:

> »Wenn der ganze S. C. (Studentenclub) von der Paukerei durch den Herstall (Herstallstraße) heimkehrt, sind alle Fenster dicht besetzt und die Helden des Tages sind die, welche möglichst viele Kompressen tragen!«

Professor Viereck

Es gab eine Zeit, da wurden die Tore in Aschaffenburg um 9 Uhr abends geschlossen. Wer herein wollte, mußte beim Pförtner schellen, seinen Namen nennen und sich ausweisen, erst dann durfte er passieren. Damals lebte in der Stadt der Gymnasialprofessor Dr. Viereck, der abends immer noch gerne einen kleinen Spaziergang vor der Stadt machte. Einige Studenten, die den Professor ob seiner Strenge nicht leiden konnten, beschlossen, ihm einen Streich zu spielen. Als am Sandtor ein neuer Wächter eingezogen war und der Professor noch außerhalb der Stadt weilte, verließen sie auch die Stadt und verbrachten die Zeit in einer Gastwirtschaft. Als sie von da aus nach 9 Uhr abends den Professor auf die Stadt zugehen sahen, lief der erste Student schnell zur Pforte und zog die Glocke. »Wer drauß?« rief der Pförtner. »Student Eineck«, antwortete der Student. »Passiert«, brummte der Torwart.

Bald darauf läutete der zweite Student. Auf des Pförtners Frage gab er an:
»Student Zweieck!« Als der dritte schellte und als es als Antwort zurück-
tönte »Student Dreieck!« da wurde die ganze Sache dem Torwächter doch
zu dumm und er wollte den jungen Mann nicht vorbeilassen, aber der war
schneller und verschwand durchs Tor in die Stadt hinein. — Endlich läutete
der Herr Professor. »Wer drauß?« »Professor Viereck«, schallte es jovial
zurück. Das war zuviel für den guten Wächter am Tor. Er schrie zum Fenster hinaus: »Glaawe se, ich loß mich uze? Ich bin jetzt im Dienst, un wenn
Ihr mer Euern richtige Nome nit soge dut, do howwe mer owe e Lokal, do
sperr ich Euch enei, do kennt'r Eich druff besinne.« Der verblüffte Professor schwor Stein und Bein, er heiße Viereck und er habe nie anders gehei-
ßen, aber der Torwächter war nicht mehr umzustimmen. Er ließ den Viereck,
dessen Name er nicht glaubte, die Nacht über in einer Torstube sitzen und
schloß ab.

✳

Die lustigste fränkische Jagdgeschichte erschien im Jahre 1680. Ihr Titel:
»Der Spaß im Spessart, das ist lustige Jagden des hochwürdigsten Fürsten
und Herrn Anselm Franz Erzbischoff von Mainz etc. gehalten im Christ-
mond 1680 und in Reime verfaßt durch Peter von Hartenfels, kurfürstlicher
Hof- und Leib-Medico«. Die Geschichte endet mit den Versen:

> Von Lichtenau wir nach der roten Buche gingen
> Die Jungfern dieses Orts den Fürsten wohl empfingen.
> Wir kamen in das Schloß Aschaffenburg, das schöne
> Mit unsers Hof-Gefolge bei frohem Jagdgetöne.
> Es kam von Lichtenau hierher des Jagens Glück
> Drei schwere Hirsche und von Sauen vierzehn Stück.

Zwei Jäger-Kavaliers, die solches Wildbret brachten
Voll Rebensafts uns manche Kurzweil machten,
Sehr lustig anzusehn: Der eine mit Getöse
Fiel mitten auf die Säu',
Der andre aus der Chaise!

Der Spaßverderber

Treibjagd im Fichtelgebirge. Ein Bauer will sich ein paar Maß Bier verdienen
und läßt sich als Treiber einteilen. Er kommt aber einem Jäger ins Gehege
und bekommt von einer Schrotladung einen Streifschuß in den Hintern.
Der Bauer brüllt den Schützen an. Der aber bleibt gelassen und sagt: »Bleib
dahaam, wennst kaan Spaß verstehst!«

Mir net — aber die andern!

Prinzregent Luitpold kam gerne zur Jagd in den Spessart. Auch noch im
hohen Alter ließ es sich der Regent nicht nehmen, von München aus nach
Franken und in den Spessart zu fahren, um auf Sauen zu schießen. Es
mußten zwar allerlei Manipulationen angewandt werden, damit der alte
Herr überhaupt schießen und treffen konnte, aber das störte die Jagdleiden-
schaft nicht. Gerne unterhielt sich der königliche Gast nach den Jagden mit
den Bauern, und besonders mit einem Bauern aus Weibersbrunn, der genauso alt war und Naz gerufen wurde.
Nach einer Jagd wurde dem Prinzregenten wieder der Naz vorgestellt.
Prinzregent: »Na, Naz, dir gehts ja noch gut. Schmeckt die Pfeife noch?«
Naz: »Nix für ungut, soweit geht's noch, das Laufen geht noch, das Schnau-
fen geht noch, und die Pfeife schmeckt —, und der Äppelwei schmeckt a
noch. Aber wir werden alt, Königliche Hoheit!«

Prinzregent: »Aber Naz, was willst du sagen, ich bin ja zwei Jahre älter wie du!«

Naz: »Trotzdem, im Kopp will's nimmer recht!«

Prinzregent: »Ich merke aber davon nichts!«

Naz: »Mir, königliche Hoheit, mir merke des net, aber die annern, die merke des genau!«

Ludwig der Vielfältige

König Ludwig III. ging gerne in Zivil. Keine Uniform paßte ihm richtig und er achtete auch nicht darauf. Nach einem Jagdausflug kam die Rede auf scherzhafte Beinamen, die der Volksmund prägte. Auch der alte Ludwig möchte gerne wissen, ob er auch einen Beinamen habe. Der Adjutant, dessen sicher, daß der Fürst Spaß verstehe, sagte: »Eure Majestät tragen die Uniformbeinkleider gerne bequem, etwas unmodern und sehr lang, so daß sie viele Falten werfen, deshalb spricht das Volk gerne von Ludwig dem Vielfältigen!« Da lächelte der König und meinte: »Wie gut, daß i net auf Ihren Rat gehört hab', mir a Bügelfalten in mei Hos'n plätt'n zu lass'n. Sonst würde ich Ludwig der Einfältige heißen!«

Eine tolle Sache

»Ihre Wahrheitsliebe in Ehren, Herr Oberförster, — aber uns aufbinden zu wollen, daß eine Gans in ihrer Gefräßigkeit einen Eierstempel samt dem dazugehörigen Farbkissen verschluckt habe — das ist doch etwas stark! Schließlich wollen Sie uns noch glauben machen, das Tier lege seit diesem Tage fix und fertig gestempelte Eier?« — Oberförster: »Das ist ja das Tolle bei der Sache, und zwar immer mit dem richtigen Datum!«

Jägerlatein

Sitzen da einige wackere Nimrode beisammen und loben ihre braven Hunde. Die vorzüglichen Eigenschaften der treuen Jagdbegleiter steigern sich von einer Erzählung zur anderen. Der biedere Oberförster hat mit Geduld alles angehört. Endlich erzählt auch er: »Meine Herren! Alle Achtung vor den ausgezeichneten Eigenschaften ihrer Hunde, aber hören Sie mich an, Sie werden sehen, daß meine Diana Menschenverstand besitzt. Sie bekommt regelmäßig ihren gefüllten Futternapf, wenn wir zu Tische gehen. Jüngst vergißt man, ihr das Futter zu geben. Flugs läuft das kluge Tier in den Garten, kehrt bald zurück und zeigt mir zwischen den Zähnen ein — Vergißmeinnicht!«

— und trag des noch kein Reu!

Aus Krausenbach meldete die Zeitung am 27. Juli 1972:

Das Klima im Spessart ist als »Schonklima« bekannt und besonders für ältere Menschen empfehlenswert. Der 84jährige Bruno Nüchter aus Steinbach im Taunus weiß das bereits seit 1952 und kommt seitdem ununterbrochen jedes Jahr nach Krausenbach. Er bleibt zwei bis drei Wochen im »Löwen« und kommt oft im Herbst nochmals. Bereits um 6 Uhr steht er auf, um sein umfangreiches Tagesprogramm zu beginnen. Dazu zählen eineinhalb Stunden Zeitung lesen, »Schoppen trinken«, ausgiebige Spaziergänge. Am Abend ist er zu allen Späßen oft bis 1 Uhr aufgelegt. Beim Feuerwehrfest hielt er sogar bis 3 Uhr durch und tanzte begeistert »Rucki-Zucki«.   *(»Rucki-Zucki« = Volkstanz in Krausenbach/Spessart)*

Und der Nürnberger sagt:

»Mach mi net lachat! (Bring mich nicht zum Lachen)

LEBEN UND LEBEN LASSEN

»Leben und leben lassen« ist ein altes Sprichwort. Es wird gerne dort gebraucht, wo man sicher ist, daß der Nachbar die gleiche Meinung hat, wie
man selbst. In Franken hat nun nicht immer der Nachbar recht, und was der
wiederum meint, paßt dem Dritten nicht in den Kram. »Des lou ma si net
gfalln«, sagen die Nürnberger mit Vorliebe, und zwischen Würzburg und
Alzenau an der hessischen Grenze ist den Bürgern vieles nicht »worscht-
egal«.
Wer da meint, daß es leichter sei, mit einem Franken Freundschaft zu schlie-
ßen, als ihn zum Nachbar zu haben, der hat so Unrecht nicht. Die Franken
sind gerne unter sich und dulden nur ungern, daß man sich in ihre Angelegenheiten einmischt. Jeder hat seinen gewissen Dünkel, und wenn der
Nürnberger Mundartdichter Lothar Kleinlein behauptet »Mir sänn hald
wos ganz wos eggsdras« so sagt er frank und frei was jeder Franke gerne
auf sich selbst bezieht.
Etwas stilvoller und seiner feinempfundenen Erzählung angepaßt, schreibt
der Fürther Schriftsteller Jakob Wassermann — einer der Großen aus dem
fränkischen Land — in seinem Buch »Fränkische Erzählungen«:
»Ein Brummbaß, zwei Geigen und eine Klarinette machten vortreffliche
Musik vor Beginn des Stückes. Der ›große Saal‹ des Fränkischen Hofes,
der eigentlich nur eine geräumige Wirtsstube war, füllte sich mit Zu-
schauern. Die Sitze der vorderen Reihe bestanden aus wirklichen Stühlen,
während für die minder vermögenden Leute lange Bretter über Bierfässer
gelegt waren. Alles strömte herbei, was für Kunst und Bildung eingenom-
men war. Man sah die Spitzen des ›Kasinos‹, einer preiswürdigen Ver-
einigung der eleganten Kreise: die Frau Notar mit ihren Töchtern, die Frau

Oberamtmann, die Frau Steuerrat, die Frau Expeditor, die Frau Apotheker, die Frau Major, die Frau Schulrat. Sodann zeigten sich die weniger ausgezeichneten Damen, die jüdischen Kaufmannsfrauen, die Handwerkerfrauen, die aus Ehrfurcht vor jenen Titularherrlichkeiten nur zu flüstern wagten. Nicht so gebieterisch nahm sich die vornehme Männerwelt aus, aber man weiß, daß die stumme Würde keineswegs die geringere bedeutet. Es war eine Luft von Frohsinn und heiterer Erwartung, denn so versammelt das Theater stets die gutgestimmten Elemente, aller Nebeninteressen entledigt, um im entzückenden Spiel, nicht nur vor den Augen der eleganten Kreise, die Macht der Kunst zu erproben.«

Bei Fest und Feier ist sich alles einig in dem vielzitierten fränkischen Bereich, wo man schier alles bejubeln kann, was es auf Gottes weiter Welt gibt, vom Maler Dürer bis zu den »Eisenbahnfreunden«, die jetzt schon trommeln, um in Hof — wo sonst könnte man sich treffen — in der Himmelfahrtswoche 1973 den Verbandstag des »Bundesverbandes deutscher Eisenbahnfreunde« würdig — der fränkischen Tradition angepaßt — feiern zu können!

Die Franken haben die Arbeit nicht gerade erfunden, aber sie »werkeln« gerne und haben immer etwas zu tun, vor allem sonntags, wenn die Vereine ihr Selbstbewußtsein zur Schau stellen, oder wenn sie ihre Wettkämpfe austragen. In Franken wartet man geradezu auf jeden Sonntag, als bringe er immer ein besonderes Fest.
Die »Fränkischen Wochenreime« beginnen montags und enden samstags. Sie sind immer das Präludium für den Sonntag.

In der Nürnberger Gegend sagt man:
>   Montoch fengt die Wochng o,
>   Dienstoch semma iwl dro,
>   Mittwoch semma mittn drin,
>   Dunnerschtoch gits an Kimmerling,
>   Freitoch gits an backna Fisch,
>   Samstoch hau ma mas Maul am Tisch.

Und zwischen Künzelsau und Schwäbisch Hall heißt es:
>   Maintich isch a bloer Dooch,
>   Dinschtich i nigs schaffa moch,
>   Mittwoch isch da Wuchamarik, (Wochenmarkt)
>   Dunnerschtich isch mei Gschäft net arich,
>   Freitich laß i Freitich sei,
>   Samstich schlupft in Sunntich nei!

— montags —

Ein Arbeiter, der nebenbei noch eine kleine Landwirtschaft betreibt, erscheint am Montag wie gewöhnlich an seinem Arbeitsplatz in der Fabrik, obwohl er ein paar Tage vorher für den Montag um Urlaub nachgesucht hatte. Der Urlaub war ihm genehmigt worden und der Chef wundert sich, daß der Arbeiter doch gekommen ist. Er fragt: »Warum biste denn gekomme?« Der Arbeiter sagt: »Ich wor heit morche so müd, und da dacht ich mir, ich geh liewer schaffe!«

Der Packträger Kaspar hat in seiner Kitteltasche sein Frühstück: Zwei weichgekochte Eier; in der gleichen Tasche steckt aber auch sein Tabaksbeutel. Plötzlich merkt der Kaspar, daß die Eier zerdrückt sind und der Tabaksbeutel zerrissen ist. Betrübt besieht er sich den Tascheninhalt und brummt: »Jetzt wääß ich nit, soll ich des fresse oder in die Pfeif stoppe.«

Ein kleiner Junge stürzt heulend aus einem Haus. Eine freundliche alte Dame, die gerade vorübergeht, bleibt stehen und fragt: »Was fehlt dir denn, mein Kleiner?« — »Vater ist eben von der Treppe gefallen«, schluchzt der Junge. — »Nun aber weine nicht so laut, es wird sicher nicht so schlimm sein, hat er sich denn verletzt?« — »Das weiß ich nicht«, jammert der Junge weiter, »aber meine Schwester hat ihn herunterfallen sehen, und ich sehe nie so etwas!«

Eine Bäuerin bringt der Lehrerin ein paar Würste nach dem Schlachttag. So ist es üblich. Auch im Hohenloher Land. Die Lehrerin bedankt sich herzlich. Die Bäuerin aber antwortet: »Ha wisset Se, do brauche Se net sou bedanke, des kriege bei uns alle gringe Lait!«

Und die kleine Therese bringt der Lehrersfrau einen Topf Milch. Auch diese Frau bedankt sich mit vielen Worten. Das kleine Mädchen aber sagt: »Mei Mueder hat gsocht, bring die Milch ruhig den Lehrer's, 's is iwer Nacht a Maus neigfalle gwese!«

Die Gläubiger

A Bekannter is in andern
Neuli af'm Wög bekumma;
Der geiht höfli af den zou,
Hout si dös Koraschi gnumma,
Und sagt: »Du wörst mir verzeiha —
Tou mer gschwind fünf Märkli leiha!«

»Ja, röcht gern«, sagt dou der ander,
»Ober, 's tout mer lad von Herz'n,
Ih hob ner drei Märkla dou,
Glab du mir, ih tou nit scherz'n.«
»Gib's ner her«, sagt der geduldi, —
»Bleibst mer halt die andern schuldi.«

Aus »Nürnberger Parnaß« v. J. Gottlieb

— dienstags —

»Gestern habe ich Ihren Mann getroffen. Aber er hat mich nicht gesehen.«
»Ich weiß, er hat es mir erzählt.«

Ein Bäuerlein aus der Rhön kommt in die Stadt und will sich beim Optiker eine Brille anpassen lassen. »Ich brauch en Brell . . .« sagt er. Der Optiker fragt: »Kurzsichtig oder weitsichtig?« — Der Kunde: »Durchsichtig, bittä!«

Inspektion im Gefängnis

»Was, der Inhaftierte ist entwischt? Hatten Sie denn alle Eingänge unter Kontrolle?« — »Allerdings, aber ich vermute, daß er durch einen der Ausgänge entschlüpft ist!«

In der Nacht zum Mittwoch wacht Babette auf und bemerkt, daß ihr Mann im Wohnzimmer herumschleicht und etwas sucht. »Wos mechste denn do draus?«, fragt sie. »Ach mir hot träumt, ich hett en fette Schweinebroote gesse, un weil ich den nit vertroge kann, do muß ich jetzt e bissche Schnaps druff drinke.«

— mittwochs —

— schrieb ein Metzgerlehrling an seinen Vater:
»Lieber Vater, es geht mir ganz gut und gelernt hab ich auch schon allerhand. Neulich mußte ich einer Frau die Knochen entzweischlagen und einem Mann die Schweinsohren herunterschneiden. Mein Meister ist mit mir zufrieden, er sagte, er werde mich bald schlachten lassen. Zu Deinem Geburtstag, lieber Vater, schicke ich Dir eine Probe einer eigenhändigen Leberwurst. Laß Dir's gut schmecken. Mit vielen Grüßen Dein Sohn Konrad.«

Nürnberger Gespräche

»Wos is denn Nachbari, tennas ka Vuglscheichn (Vogelscheuche) in Ihrn Gartn?« — »Zu was denn, i bin ja selba in ganzn Toog dou!«

»In dem Hund stecken sugoar fünf verschiedene Rass'n — und dou song die Leit imma, där hout nix von an Rassehund!«

»Nanu? Boxhandschuhe zum Telefonieren?« — »Wenn es Zehnala im Schlitz stecka bleibt, haut ma si' ja sunst die Hend kaputt!«

*

Der Schorsch hat einen Selbstmörder aus dem Main gerettet. Der Selbstmörder bedankt sich, geht an den nächsten Baum und erhängt sich. Der Schorsch ist in der Nähe, aber er kümmert sich nicht darum. Dann kommt die Polizei. Der Polizist fragt: »Warum haben Sie denn nicht das zweite Mal geholfen?« Schorsch: »Ich glaabt, der wollt sich trockene!«

Bamberger Gebet

Der Schreinermeister Göbel hat vier Mädchen und wünscht sich einen Stammhalter. Als es endlich soweit ist, wartet er im Gang der Klinik auf die Auskunft der Hebamme. Schließlich erscheint die Hebamme und ruft: »Meister, a Madla!« Da wird der Enttäuschte wild und ruft: »Herrgott, nuch amol, maanetwächn nuch märra!« (Meinetwegen noch mehr.) Nach einer Weile erscheint die Hebamme wieder und sagt: »Meister, nuch a Madla!« Da wird der Meister blaß und stammelt: »O lieber Gott, sooo ernst wor des Gebättla vürhie doch gor net gemaant!«

Dä Votä is ganz ausänand:
Wie mei Bu flucht, des is a Schand! —
Mei Weib flucht net und ich fluch net,
Nä bloß dä Bu gibt kan Fried' net. —
Der Himmel, Herrgott, sakra deä,
Wu hot nä deä äs Fluchn heä?

L. J. Pfau, Bamberg

— donnerstags —

sieht ein Herr eine Frau einen Wagen mit einem Kranken vor sich herschieben. Er gibt der Frau ein Almosen und fragt mitleidig: »Müssen's denn den Mann den ganzen Tag fahren?« — Da sagt die Frau: »Oh nää, Herr, mer wechsele ab, mittags leg ich mich nei!«

An einem Donnerstagvormittag wird die neue Haltestelle der Kahlgrundeisenbahn in Strötzbach bei Alzenau feierlich eingeweiht. Alles ist am Bahnhof, nur eine Schülerin hat sich abgesondert und geht nicht hin. Eine Einwohnerin fragt deshalb: »Werim bist dann net bei de Feierstunn, wo doch heit erstmols die ›Bembel‹ (Name für die Kleinbahn) in Strötzbach hält und die Kenn (Kinder) sicher wärer beschenkt wärn?« Die Schülerin antwortet: »Däß well ich dir soache, sellemols (damals) wie Memersch (Mömbris) Markt worn is, hon mer so schlechte Werschtchen griecht (bekommen) und die ho mir goar net gschmeckt; heit solle se ihr Werschtchen selwer esse!«

Ein Dorfbürgermeister an der thüringischen Grenze wurde als Abgeordneter gewählt und eines Tages reist er für seine Partei in die Hauptstadt zu einer wichtigen Versammlung. Als das Wochenblättchen über diese Versammlung berichtet, sucht die Frau des Bürgermeisters vergeblich den Namen ihres Mannes. »Host nix gsoogt?« fragt sie neugierig.

»Lees nöre genau«, antwortet der Bürgermeister, »wo städd — und es erhob sich ein allgemeines Gemurmel —, da war ich debei«.

Episode am Mee (Main)

Aus 'm Mee ham's zwä rausgazoung von Wasser, dia worn no zammghengt, a Schnürla ringsüm, wie wenn sa zammghöretn. Een wor die Zunga halwer rausghenkt un ganz blau worn se ogeloffn. I lang mer a Rütla und hob sa könn rausfisch. Ganz pfatschnooß worn sa und hab sa glei nei die Sunna galaigt, äß sa weng tröckln. Worüm dia zwä nei'n Wasser? — I kon mersch heut no nit denk. I hob sa gadräiht un gawendt, und weil si weiter keens drüm gakümmert hat, hob i alla zwä unnern Arm ganumma, hob sa der-hemm mitera Säuschwartn eigariebm und senn fei widdr worn — a saubersch Paar richtia Ärwetsschüh! (Arbeitsschuhe)

Wilhelm Fuchs (Mainfränkische Mundart.)

— freitags —

kommt eine Bäuerin aus dem Spessart auf die Bank, um vom Konto Geld abzuheben. Der Schalterbeamte erklärt der Frau, daß das Konto aufge-braucht und überzogen sei. Nicht verlegen erwidert die Frau:
»Ich ho mei Mann scho lang beauftragt, e nei Konto zu eröffne, scheinbor hot er des vergesse.«

Der Domorganist Ferdinand Rübsam in Fulda, als »Domorgel« stadtbe-kannt, hatte eine etwas geizige, äußerst sparsame Frau. An einem Freitag gab es wieder nur Kartoffeln und Spinat. Meinte der Organist: »Liewe Fraa, wenn ich erst mal Witwer bin, dann eß ich zum Spinat immer Spiegeleier!«

Pensionsmutter: »Ist das Huhn nicht gut, Herr Müller?« — Herr Müller: »Was die Moral anbelangt, mag es ein sehr gutes Huhn gewesen sein, physikalisch war es nur noch eine Ruine.«

»Woher hast du denn eigentlich das Rezept für diese Suppe? »Aus dem Rundfunkkochkurs!« »O, jetzt weiß ich's! Du hast da zweifellos sämtliche Nebengeräusche mitgekocht!«

Bamberger Salat

Beim Zapfmichel hom sie än Solot gern gessen, vor alln der Michel selber. Sei Fraa hot na immer so fein mit Zwiebela gemacht und mit Speckgriefn aufgschmälzt und na gleich in der Spülschüssel ohgemacht, wall er sunst net gelangt hätt. Der Michel hot a Gobl voll noch der andern rausgstochn aus der Schüßl. »Fraa, is der Solot widdä gut und zort!« hot er gemumpflt. Auf amoll secht sei Bu: »Votter, etzt host grod mit den Solot a ganz klans Laabfröschla (Laubfröschlein) mitgefressen!« — »Jösses, du saudummä Kerl! Worum host denn nex gsocht, wennst äs gsengt host? Ich hob des gor net spürt« socht entsetzt de Votter. — »Ja, Votter, des Fröschla hot so orch mit die Aang geblinzelt und do hob i gedocht, ich soll nix song!«

— samstags —

machen zwei Bauern aus dem Odenwald eine Spritztour nach Frankfurt und kommen in den Zoo. Da sehen sie, wie eine Hündin junge Löwen säugt. Meint der eine Bauer: »Guck eens hie! Wachse sich die Löbcher net zu ebbes ganz annerm aus, weil se Hundemilch kriege?« — »Warüm denn?« meint der Freund, »du trinkst doch Kuhmilch und kriegst kä Hörner.«

Der Geizige

Droben hinter Coburg in einem Bauernhof an der thüring'schen Grenze ist Großreinemachen, weil die Kirmes bald beginnt. Die Bäuerin entdeckt einen alten Regenschirm in einer Ecke und wirft ihn auf den Misthaufen. Der Bauer aber holt ihn wieder und sagt:
»Im Huse rümm geht he noch!« (Im Hause herum geht er noch)

Leben und leben lassen

dachte sich in der gleichen Gegend ein Messerschmied. Hatte der Metzger Bastian ein Messer schleifen lassen, so sagte der Schmied sofort zu seiner Frau »Morchen holste dei Fleesch beim Fleescher Bastian.« Hatte ihm der Wirt »Zum Lamm« einen Auftrag gebracht, ging er noch am gleichen Abend ins »Lamm«, um dort einen Schoppen zu trinken. Eines Tages ließ die Bezirkshebamme Maier bei ihm Scheren schleifen. Fragte daraufhin der Sohn: »Vadder, willste ihr nu ooch was zukomme lasse?«

Bayreuther Vorsicht

Der Gottfried ist neun Jahre lang verheiratet und in jedem Jahr wurde ihm ein Kind geboren. Als sich das zehnte Kind anmeldet, meint der Gottfried betrübt: »Etzat langts! Vo morng oon schloof ich drum in Budn.« (Droben unter dem Dach.) Seine Frau ist einverstanden und überlegt: »Wenn ich wärkli wüßt, daß des gut wär, legat ich mich gleich aa mit nauf.«

Der Alte und der Uralte

Ein Amerikaner hat den Spleen alle alten Leute aufzusuchen und diese auszufragen. Er kommt auch zu einem Ascheberger Fischergässer, der weiht seinen Freund Niklos ein und man verabredet sich in der Gastwirtschaft

»Wilder Mann«. Als der Amerikaner kommt, sitzt der Niklos schon betrübt am Stammtisch. Der Amerikaner fragt: »Wie alt seind Sie?« — »Achzig Johr.« — »Sein Sie aber alt. Warum sein Sie so betrübt?« — »Oh, ich hab ewwe vun meim Vadder Schläg gekriegt.« — »Was, Sie haben noch Vater? Wie alt sein denn der?« — »Hunnertundreizehn Johr.« — »Das sein aber serr alt. Warum Sie haben Schläge gekriegt von ihrem Vater?« — »Oh, mei Großvadder hat die Kränk, un do muß ich'n immer vun äm Bett ins annere trage un vorhin hob ich'n falle gelosse.« — »Wie, Ihr Großvater lebt auch noch? Wie alt seind denn der?« — »Ja, liewer Herr, des wäß ich nit mer genau. Do misse mer in die Parrkärch gäihn un froge. De Parrer hot en no gedaaft, der wäß noch!«

Fränkisches Sprichwort

»Korze Predigt un lange Vesper hewa d' Bauern am gärnschta!«

(Crailsheim)

— *sonntags* —

kommt in das kleine Dorf Pilgramsreuth, zwischen Hof und Marktredwitz am Kornberg, der neue Pfarrer und wird von der Gemeinde würdig empfangen. Der Pfarrer heißt Eichhorn und sein Name paßt recht gut zu den anderen Familiennamen in der Gemeinde, denn es gibt in Pilgramsreuth viele Familien, die Tiernamen tragen, was man auf den Wildreichtum der Umgebung zurückführt. Nach der Einführung werden dem Pfarrer die Mitglieder des Kirchenrates vorgestellt und der Bürgermeister beginnt: »Herr Geier, Herr Wolf, Herr Wild, Herr Fuchs, Herr Bär, Herr Adler.« Da unterbricht ihn der neue Pfarrer und lächelt: »Ja, bin ich denn unter wilde Tiere geraten?« »Fast kann ma so sage«, erwidert der Bürgermeister, »aber a Eichhernla ham mr aa!«

Das Geheimnis

Der Pfarrer in einer kleinen Gemeinde bei Bamberg ist bestohlen worden. Alles was ihm seine Pfarrkinder zu seinem Jubiläum geschenkt hatten, und was er im Vorratskeller aufbewahrt hatte, ist fort: der Schinken, das Fäßchen Bier und der gute Wein. Die ganze Pfarrei ist darüber erbost und der Pfarrer erst recht. Am Sonntag nach der Tat kommt er in seiner Predigt darauf zu sprechen und sagt: »Mich häm euä Gschenke recht gfreut, jetzt sen sie gstohln, in Gottes Näma, ich wer net vähungän (verhungern). Mich ärgät viel mehr, daß ich waaß, wers wor unds net song derf, wal der Spitzbu, der elendig, bei mir gäbeicht hot!«

Spätes Lob

Die Kramers Maria war gestorben und der Pfarrer hält ihr eine schöne Leichenrede. Obwohl die Frau Kramer ihrem Ehemann im Leben viele schlagende Beweise ihrer energischen Liebe gegeben hatte, ist sie nun plötzlich für den Pfarrer eine liebende Gattin, eine zarte Mutter, ein tieffühlendes Herz. Der Jakob Kramer ist beunruhigt und zupft seinen Schwager plötzlich am Ärmel: »Du, ich glaab mir sinn bei der falsche Beerdigung!«

Der Opferstock

Der Pfarrer findet den Opferstock immer merkwürdig leer. Er vermutet unberufene stille Teilhaber, kann aber trotz aller Schliche keinen Opferstockdieb erwischen. Endlich hat er einen Verdacht und der lenkt sich aufs Jaköbche. Der Pfarrer redet ihm also ins Gewissen: »Jaköbche, gesteh's, du warst's.«

Das Jaköbche aber ist entrüstet: »Nä, Herr Parrer, ich wars net!«

»Du warst's, Lausbub!«

»Nä!«

»Jaköbche, es geschieht dir nichts, wenn du's sagst. Ich will dir drauf helfen.
Gelt, du hast einen Draht unten mit Vogelleim beschmiert, bist damit durch
den Schlitz in den Opferstock gefahren, hast ein Geldstück erwischt und
herausgezogen!« Das Jaköbchen stutzt einen Augenblick und erwidert dann:
»Nä, Herr Parrer, aber es leuchtet mer ein!«

Das arme Karlchen

Karlchen sieht nach Schluß des Unterrichts zu, wie ein vor einen Karren
gespannter Esel von mehreren Schülern geneckt wird. Der Besitzer des Tie-
res naht und während die Missetäter fliehen, bleibt Karlchen harmlos stehen. Der Eselbesitzer hält natürlich Karlchen für den Täter und versetzt ihm
einige Ohrfeigen. Heulend geht der Junge in die Schule zurück, um sich bei
seinem Klassenlehrer zu beklagen. Auf dem Wege aber begegnet ihm der
Kandidat Müller, der, ärgerlich über das laute Gebrüll, dem Karlchen noch
einen Denkzettel verabreicht. Da naht der Direktor: »Junge, warum weinst
du so?« Karlchen: »Herr Müller hat mich gehauen, und ich habe dem Esel
doch nichts getan!« — Ohrfeige, eine Stunde Arrest, Schluß!

Sunntog-Morga

Ke Peitsch wu knallt, ke Wog, wu fehrt,
Ke Lärm, ke Laut, nix wu en stert,
n Sunntog-Morga.
I gä naus Fald un sieh mi im,
un kumm in ganza Flured rim,
n Sunntog-Morga.
Laf dorch die Baamalandli heem,
setz mi nein Garta, sinn un treem,
n Sunntog-Morga.

Ernst Luther, Ochsenfurt

LANGSAM, LANGSAM, WEIL'S PRESSIERT!

»Langsam, langsam, weil's pressiert« sagt der Franke mit Vorliebe. Nicht nur in Oberfranken, wo die sprichwörtliche Bierruhe auch den geduldigsten Nichtfranken zur Verzweiflung bringen kann.

Als am 7. Dezember 1782 der junge Friedrich Schiller, aufgeregt und erschöpft das Landgut der Frau von Wolzogen bei Bauerbach in der nördlichen Rhön erreicht hatte, wo er endlich Ruhe zu finden hoffte, befolgte er genau den Rat »Langsam, langsam, weil's pressiert« und vergaß den Lärm, den seine »Räuber« verursacht hatten. In der Rhön fand er seine Louise Millerin, und als er im Juli 1783 seine Mäzenin verließ, hatte er »Kabale und Liebe« vollendet.

»Etz wartst aweng, ich kommi aa nit derhutzn« (überstürzen), sagt der Ansbacher, und Graf August von Platen, 1787 in Ansbach geboren, machte diese Devise später zum Mittelpunkt seiner Ideen, so daß seine Reisebeschreibungen die romantische Beschaulichkeit spiegeln, wie man sie nur in Franken so ausgeprägt finden kann.

In so einem gemütlichen und heiteren Land gedeihen nicht nur Brauch und Brauchtum. Da wurde schon manches ausgedacht, was anderenorts gar nicht möglich gewesen wäre.

Im Jahre 1791 forderte zum Beispiel der Badearzt von Bad Brückenau die »Damen Deutschlands« auf, eine »Badeuniform« zu entwerfen. In seinem »Vorschlag einer allgemeinen Badeuniform für Damen« verlangte er: »Die Uniform muß leicht und bequem zu tragen sein, um ohne alle Mühen darin gehen, tanzen, fahren und reiten zu können. Sie darf nicht viel Zeit zum Anziehen erfordern. Sie muß den Körper zieren und dessen Reize erhöhen.«

Der gute Mann — er hieß Zwierlein — hatte eine revolutionäre Idee. Er wollte das Selbstbewußtsein der Frauen heben und diese zu einer »gebrem-

sten Eile« anregen, weil die Damen — wie er notierte — ». . . zuviel Putz
und Kleiderpracht mit in die Bäder bringen, die längste Zeit des Morgens
an der Toilette vertändeln, zu welcher Zeit doch die Bewegung so heilsam ist
und in ihrem steifen Putze auch noch den übrigen Tag hindurch ohne an-
haltende Bewegung und meistens mit den Karten oder dem Strickzeuge in
der Hand auf ihren Stühlen wie angenagelt sitzen bleiben.«
»Gräfinnen und andere Damen vom ersten Range auf« folgten begeistert
seinen Ideen, andere aber witterten Gefahr, Minister und Abgeordnete
fürchteten um die Moral, und Dr. Zwierleins Pläne wurden abgelehnt. Es
blieb beim Vorschlag.
Rund 180 Jahre später löste die Nürnbergerin Käthe Strobel einen ähn-
lichen Entrüstungssturm aus, als sie in ihrer Eigenschaft als Gesundheits-
ministerin die Herausgabe des harmlosen »Sexualkunde-Atlas« unterstützte.
Aber die Wogen der Erregung glätteten sich bald, denn was mit Nürnberger
Witz und fränkischer Gelassenheit inszeniert wird, findet immer Beifall.
Selbst Alfons Goppel, bayerischer Landesvater, zeigte sein liebenswürdig-
stes Lächeln, mit dem er schon als Aschaffenburger Bürgermeister alle Sorgen
in Nichtigkeiten verwandeln konnte. Für einen »Lachkunde-Atlas« hätte
er bestimmt das Vorwort geschrieben, und jeder Parteienhader wäre begraben gewesen.

»Langsam, langsam, weil's pressiert«, sagte der Kellermeister im Zehntkeller
in Iphofen im Sommer 1932 zu Hans Pfitzner, und der Komponist be-
herzigte den Rat. Er blieb — und er komponierte im weindurchschwängerten
Haus seine Oper »Das Herz«.

Und »Langsam, langsam, weil's pressiert« denken sich heute noch die Bürger
von Eibelstadt im Landkreis Ochsenfurt. Dort läutet der Bürgermeister die
sogenannte »Steuerglocke«, die seit 1706 in einem Türmchen über dem

Rathaus hängt, und wenn die Glocke ertönt, wissen die Eibelstädter, daß in der Gemeindekanzlei die fälligen Steuern und Abgaben kassiert werden. Die Bürger richten sich danach, nehmen ihre Papiere und das Geld und spazieren langsam zum Rathaus, um dort zu zahlen. So gemütlich ist Franken!

»In Würzburg gab es drei Autodroschken. Sie standen am Bahnhof in der Sonne. Die Handlungsreisenden gingen zu Fuß in die nahen Hotels. Wenn der Chauffeur lange genug gedöst und gar keine Aussicht mehr hatte, geweckt zu werden, ließ er in dem Moment, da der Gedanke im Halbschlaf entstand, vom Sitz aus geruhsam den Motor anlaufen und fuhr ein bißchen in der Stadt umher, den einheimischen Fahrgast zu suchen, den es nicht gab. Der offene Wagen rollte langsam vorüber an den wuchtigen Kirchen, aus denen nur alte Weiber kamen, die auch für Geld nicht im Auto gefahren wären, vorüber an den winzigen Häuschen, vor denen die Handwerker auf der Straße arbeiteten, gemächlich die sonnige Hauptstraße hinunter, fremd den Menschen und den Häuschen, in schöner Zwecklosigkeit um den Vierröhrenbrunnen herum und sehr langsam die Hauptstraße wieder hinauf, aus reinem Idealismus, ganz um der Sache selbst willen und märchenhaft überflüssig.«

Aus »Das Ochsenfurter Männerquartett« von Leonhard Frank

Pferdekauf

In früheren Zeiten gab es in Aschaffenburg einen Pferdemarkt, zu dem auch viele Interessenten aus Hessen kamen. Einem hessischen Bauern sagte einmal ein Pferdeverkäufer: »Des wär de richtische Gaul für Dich. Wenn de Dich um vier Uhr druff setze duhst, biste scho um acht Uhr in Frankfort.« Antwortete der andere: »Des ist kä Gaul für mich!« — »Warum?« — »Wos soll ich um acht Uhr in Frankfort mache?«

Der schnelle Mann

In einem Dorf am Main gab es einmal einen Mann, dem der Spitzname »Schnelläfer« gegeben worden war. Der Mann hatte es immer eilig. Als er wieder einmal mit langen Armen schlenkernd über die Gasse lief, rief ihm der Kaufmann Kitz vom Fenster seiner Wohnung aus zu: »Schnelläfer, hawe se Zeit?« — »Ja, warum?« — »Warum laaft Ihr dann so?«

Vor der Heimfahrt

Der Andreas fährt mit seiner Frau nach Frankfurt in die Oper. Als sie nach Schluß eilig zum heimfahrenden Zug wollen, fragt der Andreas auf der Straße einen Dienstmann: »Verzeihe Se, Herr Nachber, fährt noch e Elektrische?« — »Awer selbstverständlich«, antwortete der, »die Schiene liege ja noch.«

Der eilige Simon

An einem Fastensonntag sitzt der Bauer Simon mit seiner Frau im Bamberger »Schlenkerla« und süffelt sein Bier. Seine Frau drängt zum Aufbruch, denn sie will in die Kirche. Endlich geht Simon mit. In der Kirche angekommen, predigt der Pfarrer gerade vom Kreuzweg des Herrn, erinnert an Simon von Cyrene und fragt die Gemeinde: »Und woher kommt der Simon?« Da ruft der Bauer Simon lauthals: »Aus'm Schlenkerla«, weil er dachte die Frage gelte ihm.

Begreiflich

Bräutigam: »Wo bleibt denn deine Schwester, Fritzchen, sie muß doch längst mit dem Anziehen fertig sein!« — Fritzchen: »Sie gab mir heute morgen eine Ohrfeige, dafür habe ich ihr die Zähne versteckt!«

Verwechslung

In Gunzenbach im Kahlgrund lebte zur Zeit des »Tausendjährigen Reiches«
eine alte Frau, die man »Katherine« nannte. Sie bekam öfters eine Spende
vom »Winterhilfswerk«. Eines Tages ging sie wieder einmal zum Bürgermeister nach Mömbris, um eine Spende zu erbitten. Sie sagte immer »Grieß
Gott« und der Bürgermeister belehrte sie: »No, Kathrinche, wi isses denn
mit'm Deitsche Gruß?« Ohne zu zögern sagte die Frau: »Ja, Borchermoaster,
do kennt ich aach än Zentner devo brauche, in meim Öfche brennt alles.«
Sie hatte den Deutschen Gruß mit dem »Kohlengrus« verwechselt, der
damals von den Braunkohlengruben geliefert wurde.

... weil's pressiert!

Feuerio, gät raus! Es brennt!
Alläs schreit und alläs rennt!
Etzät geht dä Amtsweg o.
Wos is do zäörscht zä to?
Örschtens werd die Zeit väzeingt (verzeichnet),
wu des Unglück sich ereingt.
Zweitens steht nuch zum Dischput,
ob's a wirklich brenna tut!
Desweng werd a Schutzmo gschickt,
und dä rennt äs wie värückt.
Drittens fort, um nochzäsäng (nachzusehen),
wu deä Brandplotz is gäläng (gelegen).
Wenn deä — viertens — Meldung mecht
daß des Feuä wohr und echt,
werd es — fünftens — niedägschriem (niedergeschrieben),
und als Nummä sechs und siem

118

werd dä »Obä« informiert
und äs Bauamt alarmiert.
Denn äs is vo Wichtigkeit
daß die höchste Obrigkeit
schnell vo alles Kenntnis hot,
wos so vorgeht in dä Stodt.
Ochtens wern die Sanitätä (Sanitäter)
ogärufn, daß a jedä,
den a Unglück treffn tet,
a die richting Helfä hett.
So. — Die Hauptsach is erfüllt.
Weä vo uns mecht sich a Bild,
wos des för a Ärbet is?
Und äs klappt! Säll is gäwiß!
Etz muß nuch dä Schlußstrich heä,
deä Alarm dä Feuäweä!

Aus »Lachendes Bamberg«

Feierabend

Der Arbeiter Hannes kommt zu seinem Chef und verlangt Schmerzensgeld
für einen Unfall. Erstaunt fragt der Chef: »Was ist denn passiert?« »Gestern«, sagt der Hannes und zeigt seinen geschwollenen Fuß, »wie's grod
Feierowend gelait hot, hab' ich äwe e schwer Stück Eise uffgehobe gehatt
un des is mer uff de Fuß gefalle.«

Schnell geschaltet

Willy, der neu gebackene Student verbringt die Semesterferien zu Hause. Er prunkt mit bunter Mütze, Bierzipfel und Band. Mißbilligend schüttelt der Vater den Kopf. »Wie ein Pfingstochse kommst du mir vor!« Nachmittags kommt Onkel Julius zu Besuch. »Prächtig fein siehst du aus, Junge!« rief der Onkel, »genau wie dein Vater vor fünfundzwanzig Jahren!« — Willy grinste: »Das hat der Vater auch schon gesagt.«

Rasche Zahlung

Student zur Zimmervermieterin: »Lassen Sie sich's gesagt sein, meine liebe Frau, die Zimmervermieterin, wo ich zuletzt wohnte, die hat sogar geweint, als ich wegzog.« — Vermieterin: »Na, das haben Sie bei mir nicht zu befürchten, ich lasse mir immer vorher zahlen.«

Immer mit der Ruhe

In einem Dorf in Oberfranken bekamen zwei Nachbarn Streit. Die Hühner des einen waren in den Garten des anderen spaziert und hatten den frischgepflanzten Salat verzehrt. Schimpfte der eine: »Deine dörn (dürren) Sauviechä! Gib äna wos zä fressn, dann braungs sa sich net bei mir wos sung!« (dann brauchen sie nicht bei mir etwas suchen). Der Hühnerbesitzer, der in seinem Garten arbeitete, tat, als höre er nicht. Der andere räsonierte weiter: »Du host an richtign Zaun rumzumachn, daß deine Hühner wissn, wu sa hieghörn!« Der Angesprochene arbeitete ruhig weiter. Der andere schrie: »Wenn ich dich anzeig, dann zohlst a Schwartn (viel Geld) alter Geizkrong! Manst vielleicht ich ärger mich nuch long rum? Nuch emoll wenn ich deina Viecher in mein Gartn sieh (sehe), dann freggn (verenden)

sa, dann konnst deina Eier selber leng!« Nichts rührte den Hühnerbesitzer.
Der andere wurde fuchsteufelswild.
»Du Gümbl, du saudummer, gell du manst vielleicht, ich red nei die Luft?
Jetzt soch ich dir's zum letznmoll! Deina Viecha freggn, wenn se nuch
amoll nei mein Gartn flieng! Host ghört? — A Antwort will i, Misthund,
dreckerter!!!«
Das war etwas zuviel. Der Nachbar richtete sich auf: »Sei ner bloß froh,
daß ich's net ghört hob, Mennla (Männlein). Ich gebet der an Misthund an
dreckerten und dein Gümbl, dein saudumma, tet ich der a austreim (aus-
treiben). Sei ner bloß froh, daß ich's net ghört hob!« — und er arbeitete
ruhig weiter.

. . . und die alte Eisenbahn

Das »Volkacher Bähnle« — als Beispiel für die vielen Klein- und Neben-
bahnen in Franken — ist auch heute noch eine verkehrstechnische Attrak-
tion, die augenscheinlich deutlich macht, daß das Sprichwort »Langsam,
langsam, weil's pressiert« seine Berechtigung hat. Mehr als einmal hatte
man höheren Orts beschlossen, die Strecke ganz stillzulegen, aber dazu
ist es nicht gekommen. Immer noch winden sich lustig verspielt die Gleise
von Würzburg aus über Seligenstadt, Prosselsheim, Untereisenheim,
Escherndorf und Astheim nach Volkach, und immer noch gondelt manchmal ein Züglein mit viel Getue und Geschnaufe durch die Landschaft. Personen allerdings werden nicht mehr befördert. Vor ein paar Jahren wurde
der Reisebetrieb eingestellt und das als »Schnauferle«, »Rutscherle« oder
»Lumpensammler« bezeichnete »Bähnle« verlor etwas von seiner sprich-
wörtlichen Gemütlichkeit.
Die Erinnerung an die Zeit, da weinselige Fahrgäste und lustige Studenten
mit dem Bähnle fuhren, ist geblieben.

So gemütlich wie es selbst, waren einst auch seine Schaffner. Einer hieß Michel. Er hatte eine gewaltige Stimme, und wenn er donnerte »drei Wocheleng führ« (drei Wagenlängen vor) dann gehorchte das Bähnle prompt. Wenn er »farti« (fertig) rief, schepperte die »Kaffeemühle« (so nannten es die Studenten) los.

Einmal wollten ein paar Fahrgäste den Michel ärgern und riefen von einem Zugfenster aus »farti!« Der Michel aber schimpfte: »Woos it farti? Nix it farti! Wenn ich sog farti — na it farti!« Michel funkelte die Fahrgäste böse an, ließ sein donnerndes »farti« hören und dann erst setzte sich das Bähnle in Bewegung.

Langsam — langsam —

Eine Bauersfrau will mit dem Züglein von Aschaffenburg-Nilkheim nach Höchst im Odenwald fahren. Vorher aber muß sie noch einem dringenden Bedürfnis nachgeben und den Abort, der außerhalb des Bahnhofes liegt, aufsuchen. »Wart noch en Aageblick un nemmt mich mit«, sagt die Frau treuherzig zum Schaffner. Der Schaffner läuft mit der Uhr in der Hand auf dem Bahnsteig hin und her, und als die Abfahrtszeit gekommen ist, ruft er mit lauter Stimme: »Fertig!« Da ertönt aus dem bekannten Nebengebäude eine schrille Frauenstimme: »Naa — noch nit!«

Tempo, Tempo

Als noch das Spessartbähnchen von Obernburg nach Heimbuchenthal verkehrte und mit einer Durchschnittsgeschwindigkeit von etwa 20 km das Elsavatal entlangkeuchte, versäumte einmal ein Schüler in Heimbuchenthal die Abfahrt. Eilig holte er sein Fahrrad und raste so schnell er nur konnte über Hobbach, Eschau und Schippach nach Elsenfeld und Obernburg. Dort kam er schweißgebadet an, hetzte in die Schule, traf den Lehrer und entschuldigte sich für sein Zuspätkommen, weil er die Bahn versäumt habe. Der Lehrer aber lächelte: »Lieber Fritz, beruhige dich, das Bähnche ist noch gar nicht angekommen. Es bimmelt erst zwischen Schippach und Elsenfeld.«

Auskunft

Am Hauptbahnhof in Gemünden verlangt ein Fahrgast eine Fahrkarte nach Schweinfurt. Der Schalterbeamte fragt ihn, ob er über Würzburg oder über Arnstein fahren wolle. Er erhält die Antwort: »Ich will über die Feiertag dorthin!«

Rückfahrkarte

In letzter Minute erreicht ein Fahrgast auf dem Bahnhof in Lohr den Zug, zwängt sich ins Abteil, wischt sich den Schweiß von der Stirne und sagt: »So etzt fahr zum Teufel!« Ein Mitreisender bemerkt: »Wer wird denn so reden, da würden wir ja alle in die Hölle fahren!« — »Mir kann's egal sein, ich hab en Retourbillet.«

Das ominöse Gepäck

In einem Abteil eines Zuges, der von Würzburg nach Aschaffenburg fuhr, lag im Gepäcknetz ein Paket, von dem ein niederträchtiger Geruch ausging. Die Fahrgäste im Abteil musterten sich mit wütenden Blicken, denn niemand wußte, wem das Paket gehört. Als der Zug im Aschaffenburger Bahnhof einlief, kam eilig ein Mann aus dem Nachbarabteil, nahm das Paket an sich und meinte: »Es sinn Handkäscher drinn; die Dinger howe awer so gestunke, daß ich se nit in mei Abteil nemme hob könne.«

Gemütlich

Auf einer Station ruft ein Reisender einen kleinen Jungen zu sich ans Wagenfenster, gibt ihm fünf Mark und sagt: »Lauf, Junge, und hole mir zwei belegte Brötchen. Für den Rest kannst du dir selbst auch ein Brötchen kaufen.« — Kurz vor Abfahrt des Zuges kommt der Junge zurück, hat in der einen Hand ein belegtes Brötchen, von dem er schon mehrmals abgebissen hat, und in der anderen Hand vier Mark, die er seinem Auftraggeber mit den Worten aushändigt: »Es wor nur noch e änzigs (einziges) Worschtbrödche do!«

Fahrgast ohne Eile

Eine Bauersfrau will mit der Kahlgrundbahn nach Schöllkrippen fahren. Als sie in Kahl in den Zug einsteigt, stellt sie fest, daß alle Wägen leer sind. Sie steigt wieder aus. Da meint der Schaffner: »Frau, wo wollen's denn hinfahren?« Die Frau sagte: »Nach Schöllkrippe, awer wege mir braucht ihr nit fahre, ich kann warte bis Sonntag.«

*

»Schick di, is pressirt!« (Schnell, schnell, es eilt)

Nürnberger Mundart

*

Die Post

Der Postgeorg, der einst den Postwagen von Oberröslau nach Weißenstadt im Fichtelgebirge fuhr, war als der beste Posthornbläser im ganzen Land bekannt. Er erfüllte auch gerne besondere Wünsche. Nur mußte dann vorher der Antragsteller das Posthorn mit Schnaps füllen. »Waßt, des brauch ich zum Lippnbefeichtn!« erklärte der Georg. Wenn er dann das Horn ansetzte, gab es zuerst ein genießerisches Gurgeln, aber dann erklang die »Post im Walde«.

Nürnberger Gemütlichkeit

»Worum greint denn der Bou?«
»Dem is der Hacknstiel afn Kupf gflung!« (geflogen)
»Und wou is der Vata?«
»Der hout si mit der Hulzhackn ins Baa neighaut und hockt im Straßengrobn!«
»I sogs ja — ihr macht ma es Häckla scho nu hie!«

Nürnberger Eile

Mit vollbepacktem Campingwagen erreicht eine Nürnberger Familie, die ihre Ferien in Österreich verbringen will, die Grenze. Das Familienoberhaupt sucht die Pässe, um sie vorzuzeigen. Plötzlich sagt der Mann: »Die Kinder sen dou, der Wong (Wagen) is dou, is Zelt is dou, die Betten sen dou, der Kocher is dou, blouß is Kichnbiffe (Küchenbuffet) is net dou.« Die Kinder und die Gattin sind verblüfft und die Frau fragt schließlich, was es denn mit dem Küchenbuffet auf sich habe. »Dou ling di Päß draf!«

Schnell geschaltet

In einer kleinen Stadt am Main war Fahrprüfung. Auch ein älterer Bauer, der sich einen Traktor zugelegt hatte, war unter den Prüflingen. Der Fahrlehrer zeigte eine Tafel, die vor Wildwechsel warnte und fragte nach der Bedeutung. Der Bauer starrte das Schild an, besann sich lange, endlich aber meinte er die Bedeutung erraten zu haben. Mit freudiger Stimme sagte er: »Gasthaus ›Zum Hirsch‹, Herr Fahrlehrer!«

Die Witfraa

Dä Armäpflegä Meiä (Armenpfleger Meier)
kummt zu dä Witfraa Beiä,
ä trifft sie o in ihra Stum (Stuben),
do spieln zwa klana Kinnä (Kinder) rum,
a dritts liegt in dä Wieng (Wiege),
tut grod sei Nudl (Flasche) krieng.
Do wundert sich dä Meiä
und secht zär Witfraa Beiä:
»Seit siem (sieben) Johr lebt Ihä Mo (Mann) net meä,
wu kumma denn die Kinnä heä?«

126

Do schreit die Fraa: »Kreuzdunnäschlog,
des is amol a dumma Frog!
Mei Mo is tot, des giwi (geb ich) zu,
doch ich, Sie sähngs (sehen es) i leb doch nu!«

Joseph Metzner, Bamberg

Die Nürnberger sagen, wenn es einer gar zu eilig hat: »Der hout si der-
hutzt!«

Langsam, langsam hinterher

In einem Dorf im Frankenwald war der Hannes gestorben und der Schöller
und der Priegler — zwei Schulfreunde von ihm — wollten auch mit dem
Leichenzug gehen. Die beiden hatten sich allerdings in einer Gastwirtschaft
etwas zu lange aufgehalten und kamen zu spät. Es war schlechtes Wetter,
der Sturm pfiff und es regnete unaufhörlich. Die beiden hüllten sich in ihre
Mäntel und duckten sich hinter ihre Regenschirme. Sie konnten sich in den
Leichenzug nicht mehr einordnen, erkannten aber einen Leiterwagen und
trotteten hinter ihm her, weil sie glaubten, daß darauf — wie im Frankenwald einst so üblich — der Sarg mit dem toten Hannes stehe. Plötzlich sagte
der Schöller: »Des is der so a Gschmäckla!« (Geruch) — »Die wern halt
den Hannes an weng zu lang lieng hom loßn« (liegen haben lassen), gab
der Priegler zu bedenken.
Als der Geruch aber immer stärker wurde und sie gerade einmal ihre Regenschirme zur Seite schoben, um besser sehen zu können, stellten sie fest,
daß sie hinter einem Mistwagen einhergingen. Der Leichenwagen hatte
längst einen Seitenweg eingeschlagen.

»Himmelhergottkreizkiesldunnerwädderkruzifixnomolnaaetzläggmidoch-
gleikreizerweisamorsch!«   *Der längste Fluch in Franken*

FRANKEN — FRANKE: OMNIS FRANCO NOBILIS!

»Omnis franco nobilis« schrieben die Chronisten gerne, wenn sie die ritterliche und stolze Art der Franken herausstellen wollten. Das mußte, wie die Geschichte beweist, oft geschehen. In keinem anderen Lande gab es so viele Ritter und Edelleute, wie in Franken. Es klirrte und klapperte an allen Ecken und das fränkische Standesbewußtsein mußte sich in zahlreichen Kriegen bewähren, vom Bauernkrieg über die Reformation, zum 30jährigen Krieg und noch darüber hinaus. Selbst in den napoleonischen Kriegen versuchten die Franken in Franken einen besonderen Krieg zu inszenieren. Nachdem sie für den Korsen nach Spanien, Österreich und Rußland marschiert waren, besannen sie sich wieder auf ihr eigenes Territorium. Zahlreiche kriegslüsterne Franken meldeten sich im Frühjahr 1814 zu den Freiheitskämpfen. Das etwas angeschlagene Standesbewußtsein mußte aufpoliert werden. Noch einmal schepperte der ganze ritterliche Klamauk der vergangenen Jahrhunderte mit fränkischer Gelassenheit von Grenze zu Grenze.

»Bewohner des Spessarts, Einsassen der Täler und Vorberge, Angränzer des Mains, und ihr rüstigen Schützen! — Männer und Jünglinge des Kahl- und Sinngrundes, ihr Winzer der sonnigen Berge am Ufer des Mains, und Ihr frommen Köhler in den friedlichen Gründen!«

begann der Aufruf, den Graf Franz Erwein von Schönborn erließ, um die Franken für den neuen Feldzug zu begeistern. Aber der Feind ließ sich nicht blicken, kein Krieg wurde erklärt; so erfüllten die traditionsbewußten

Soldaten einen anderen Befehl, und der war mit mancherlei Annehmlichkeiten verbunden: sie standen Parade und jubelten ihrem neuen Landesherrn zu, dem König von Bayern! Das eilfertige Bemühen, fränkisches Standesbewußtsein zu zeigen, hatte sich gelohnt und der bayerische Souverän war ob der exakten Reglements in dem Land, das man später als das »letzte Schwanzhaar des bayerischen Löwen« bezeichnete, überrascht und gerührt.

Daß die Einstudierung des Empfangs zuerst ganz andere Hintergründe hatte, blieb Geheimnis.

Das fränkische Sprichwort: »Wenn's Huhn gackert hat, muaß a leg'n« paßte ausgezeichnet!

Zu den Rittern, Fürsten und Edelleuten gesellten sich die Domherren, die ebenso eifrig darüber wachten, daß Traditionen gefestigt, das Standesbewußtsein aufrechterhalten und die politischen Meinungen gewahrt blieben. Einer hieß Albrecht von Eyb und er hatte — wie man so sagt — den Schalk im Nacken. Er wurde im Jahre 1420 im einsamen Schloß Sommersdorf bei Großenried, zwischen Ansbach und Dinkelsbühl, geboren. Nach seinen Studien, die ihn bis nach Padua führten, wurde er Domherr in Bamberg und Würzburg. Er aber befaßte sich nicht nur mit geistlichen Dingen, sondern widmete auch recht weltlichen Angelegenheiten sein besonderes Augenmerk. Er verfaßte das erste »Ehebüchlein« und widmete dem Rate der Stadt Nürnberg seine Schrift:

»Ob einem mane zu nemen ein eelich Weib oder nit«

und meinte bereits im Jahre 1472, daß einer Trennung von Mann und Frau stattgegeben werden müsse, wenn es in der Ehe nur Zank und Streitereien gebe. Der gute Eyb gab auch Ratschläge, insbesondere wenn der Mann, in klappernde Rüstung gehüllt, zu einem Kriegsgeschäft oder was sonst er vorgab, ausrücken mußte:

»Wie ein Weib sich halten soll in Abwesenheit des Mannes!«
Ob seine Vorschläge befolgt wurden, verschweigen die Chroniken.

∗

»Du kräigst a Schelln daß da der Kupf wacklt!« (Du bekommst eine Ohrfeige.)
sagen die Nürnberger Frauen noch heute gerne, wenn sie brav zu Hause blieben, die Ehemänner aber etwas angesäuselt heimkommen.

»I gäih unterm Reng (Regen) wech!«,
schmunzeln die so Bedrohten in dieser gefährlichen Lage, was in der Nürnberger Gegend soviel wie »ich verhalte mich gleichgültig« bedeutet. Früher wird es nicht anders gewesen sein.

∗

In Franken trifft man nicht nur auf den Märkten die in Gemüse- und Obstduft eingehüllten »Klatschbasen«, die jeden kennen und alles wissen, und die zu Franken gehören, wie die Wallfahrer zu den Kirchen und wundertätigen Bildern. Klatschbasen gibt es in jeder Stadt und in jedem Dorf. Sie besitzen ein Standesbewußtsein besonderer Art. Schon Goethe mußte erkennen, daß nur eine fränkisch geschulte Lauscherin diejenigen Mitteilungen machen konnte, die er in einer bestimmten Situation erwartete. Er fand seine Klatschtante in Erlangen. Sie hieß Henriette von Egloffstein. Diese neugierige Frau lernte die für einen Klatsch so gut geeignete Lili von Türckheim 1794 in Erlangen kennen, hatte bald herausgefunden, daß Lili eine geborene Schönemann und Goethes Jugendliebe war, und dies alles gab ihr später Anlaß genug, jenen berühmten Brief zu schreiben, in dem sie alles berichtete, was Lili über ihre glückliche Zeit mit Goethe in Frankfurt und Offenbach gebeichtet hatte. Dem alternden Dichter schenkte der Brief —

angefüllt mit Dichtung und Wahrheit — Humor und Erinnerungen, so daß er sich »bewegt bedankte«. Lili war damals mit ihrem Mann und fünf Kindern aus Frankreich vor der Revolution geflohen und hatte in Erlangen mit der Familie eine kleine Emigrantenunterkunft gefunden. Die schwärmerische Liebe zu Goethe war längst dahin. Nur die junge Gräfin Egloffstein formte sie noch einmal neu, um den Dichter zu erfreuen. Fränkischer Klatsch hat auch seine guten Seiten! Im Jahre 1795 reisten die Türckheims wieder nach Straßburg zurück.

Die Ratschkathln

Es git Weiber,
döi könna vo fröih bis af d' Nacht
dreizeh Stund, verzeh Stund
riedn und ratschn, (reden und ratschen)
pappern und waafen, (plappern und schwafeln)
pfopfern und tratschn.
Und wenn aner mahnt,
döi höirn af,
nou hams blouß Luft ghult (geholt)
und fanga vo vorn wiedder oh.

Döi wissn alles,
döi sehng (sehen) alles,
döi song (sagen) alles,
Und is schönst is,
döi bleibn pumperlgsund derbei.
Bleibst net stöih, (stehen)
wenn di ane von denni trifft,
werst verkaft (verkauft)

schon an der nächstn Eckn ums Haus
als
ohgschmoch, (abgeschmackt)
scheiheiligs Paketla,
Springinkala (Springinsfeld)
oder goar als Streithamml.

Peter Aumüller

Das Standesbewußtsein des Franken ist unerschütterlich. Er zeigt es zwar
nicht offen, aber er hat es im Herzen. Er sagt es nicht laut, aber er weiß es
dennoch dem Nachbarn deutlich zu machen.

»I will jo nix gesocht howa, awer sait du in mein Houf (Hof) nei kumma
bisch (hineingekommen bist), fehlt mir des Beile (Beil)«, sagt der Bauer
im Hohenloher Land und drückt damit vorsichtig aus, daß ihm der Besuch
nicht angenehm ist.

In Oberfranken ist es nicht anders.

Kaaft is kaaft (Gekauft ist gekauft)

Der Bauer vom Sauerhof braucht eine Kuh. Er kommt zum Bauer »Buckl«.
Der sagt: »Daou het ich ana drauß'n ne Staoll steh, des wär wos fier dejch!«
(das wäre etwas für dich). Die Kuh wird in den besten Farben geschildert.
Der Kauf wird perfekt. Was der Buckl versprochen hat, trifft nicht ein.
Die Kuh gibt längst nicht soviel Milch, wie versprochen wurde. Eines Tages
bringt der Sauerhofbauer die Kuh wieder zum Buckl zurück. »Alles wosta
mer ejber dei Kouh gsaogt host, es e Schwindl. Dej kosta wejder nehma!«
(Alles was du mir über die Kuh gesagt hast, ist Schwindel. Die kannst du
wieder nehmen.)
Der Buckl sagt nur: »Kaaft is kaaft!«

Vierzehn Tage später treffen sich die beiden vor dem Amtsgericht in Münchberg. Der Buckl bleibt dabei: »Kaaft is kaaft!«
Der Verteidiger vom Sauerhofbauer wettert los: »Zwanzig Liter Milch waren versprochen, nur zehn Liter gibt die Kuh im äußersten Falle. Beim Ackern geht sie in die Knie, hier liegt ein Betrug vor! Der Buckl ist ein Schwindler!«
Der Buckl hört sich das ruhig an, dann steht er auf und sagt langsam zum Anwalt: »Aorschluuch!« Der Prozeß ist zu Ende. Der Buckl hat seine Kuh wieder.

Ferkelerzeuger

Eine Arbeitstagung für Ferkelerzeuger ist am Donnerstag, dem 17. Februar, um 10.30 Uhr im Obernburger Gasthof »Bayerischer Hof«. Veranstalter ist der Verband landwirtschaftlicher Fachschulabsolventen am Untermain in Zusammenarbeit mit dem Fleischerzeugerring Untermain und dem Tierzuchtamt und Landwirtschaftsamt Aschaffenburg. Als Referent konnte Dr. Blendl aus Grub gewonnen werden, ein erfahrener Spezialist auf dem Gebiet der Ferkelerzeugung.

Aus einer Aschaffenburger Zeitung vom 7. 2. 1972

Der Bauzuschuß

In einem Dorf bei Bayreuth soll ein neues Schulhaus gebaut werden. Der Landrat erscheint zu einer Versammlung und verlangt von den Gemeinderäten einen Zuschuß für den Bau. Aber die Gemeinderäte wollen keinen Bauzuschuß geben. Der Landrat ist verärgert. »Ihr wollt ein neues Schulhaus, aber an den Kosten wollt ihr euch nicht beteiligen. Ihr müßt auch etwas dazu tun!« Da steht der Bürgermeister auf und sagt: »Mir, Herr Landrat, mir liefern die Kinner!«

Franken und Hessen

Der Hansjörg und sein Freund Anton fahren in einem Nachen von Kahl in Richtung Seligenstadt. Unterwegs kommen sie ins Politisieren. Schließlich fragt Anton, wo das Mainwasser noch fränkisch ist und wo es beginne hessisch zu werden. »Des is doch leicht ze finne (finden),« sagt Hansjörg, »halt die Finger ins Wasser un riech als e mol dra', dann merkste glei, wanns hessisch is.«

Der standesbewußte Polizist

Eine Frau will sich im Main ertränken. Ein Polizist wird auf die Lebensmüde aufmerksam, läuft zu ihr ans Mainufer und sagt: »Hier wird sich nix ersoffe!« Die Frau aber faucht den Ordnungshüter an: »Isch geh ins Wasser, isch halts nimmer aus. Wenn ich jetzt nix ins Wasser geh, von wege Ihne, dann morsche, wenn'se nit hier sin.« Darauf sagt der Polizist: Des is mir worscht (egal) awwer nit so long ich Dienst hob!«

∗

»Franken ist der weite Innenhof Europas, in dem sich alle Winde fangen«, behauptete Hans Max von und zu Aufseß, und viele andere fränkische Chronisten urteilen ähnlich. Vielgestaltig sind in Franken die Charaktere seiner Bewohner, variationenreich die Dialekte, hintergründig der Humor. Was in anderen Ländern mit einem Federstrich abgetan, zur Seite geschoben oder gar vernichtet wird, in Franken wird es — treu der Tradition — auch dann noch aufbewahrt, wenn es längst seine Bedeutung eingebüßt hat.

Der aus dem Jahre 1790 stammende Nachtstuhl des letzten Mainzer Kurfürsten, aus sechs ledergebundenen schweren Folianten bestehend, von denen der oberste aufgeklappt werden kann, so daß der Zweck des Bücherstapels unverkennbar ist, gehört zu den Beständen des Aschaffenburger Museums. »Coutumes de toutes des natione« (das ist die Sitte bei allen Völkern) steht als Buchtitel auf den Buchrücken und niemand würde das Kuriosum als Nachtgeschirr bezeichnen.

So ist fränkischer Humor auch dort noch heimisch, wo sonst nur strenger musealer Geist den Ton bestimmt.
Jean Paul hätte seine hübschesten Reime darauf gemacht, wenn er etwas über diesen seltsamen Bücherstapel erfahren hätte.

In Franken

Mir ist in Franken vieles wert und teuer:
Großvaters alte, schattenkühle Pfaffenscheuer,
Die Wegmadonnen, süß und heiter,
Die Holzgedicht', die heiligen, von Riemenschneider,
Der schwarze Fischerkahn voll Weißfischschuppen,
Gewellte, helle Keuperkuppen,
Die Tauber, dunkelgrün und samten,
Woraus die Wassermelusinen stammten,
Im Wiesengrund die bogenreiche Franken-Saale
Und Grummethauch im abendblauen Tale,
Die honigblonde Gänsehirtin
Und Wein und Mund der jungen Engel-Wirtin,
Der Schwedenturm im Dorfgemäuer,
Versengt von Kugelspur und rotem Pechstrohfeuer ...
Mir ist in Franken vieles wert und teuer!

Anton Schnack

Eine betagte Bauersfrau aus Kahl, der zum Geburtstag von der Zeitung als langjähriger Abonnentin gratuliert werden sollte, verbat sich — natürlich mit echt fränkischem Humor — diese öffentliche Ehre und schrieb die Zeilen, die veröffentlicht wurden: .

Jetzt is mer halt emol gebor'n
Und lääft schon soviel lange Johrn
Uff dere schebbe (schiefe) Welt erum.
Und meistens geht äm alles krumm!
Da kommt äm en Gedanke hoch:

136

Wie lang wohl lääfst de schließlich noch?
Wie lang noch traache (tragen) dich die Bää?
Wie lang noch lääfst de so allää?
Wann bläst mer der dei Lichtche aus?
Wann derfst de aus de Welt enaus (hinaus)?
Un jedes Knechelche dhut spiern:
Do is kää Grund zum Gratuliern!

So sind die Franken. Still vergnügt, humorvoll, freundlich und immer gut
aufgelegt, auch wenn es nach außen hin nicht immer so scheint. Sie haben
das Herz auf dem rechten Fleck und bleiben — wie schon Theodor Heuss
behauptete — die fröhlichsten Sanguiniker auf Gottes weiter Welt!
Aus ihrer Mitte kommen so lustige Poeten wie Ernst Heimeran und Niko-
laus Fey; und zu ihnen gehört der humorvolle Dichter Jean Paul, dem
Friedrich Theodor Vischer als Erinnerung schrieb:
Grabdichter, Jenseitsmensch, Schwindsuchtbesinger!
Herz voll von Liebe, sel'ger Freude Bringer
im armen Hüttchen an des Lebens Strand;
Du Kind, Du Greis, Du Kauz, Hanswurst und Engel,
Durchsicht'ger Seraph, breiter Erdenbengel
Im Himmel Bürger und im Bayerland!

Und vom Himmelreich in Würzburg träumte Max Dauthendey, der in seine
Heimatstadt verliebte Poet, als er am 16. April 1906 aus Hongkong
schrieb:
Die unerschütterliche Ruhe, mit der die Chinesen ihre Opiumträume aus-
leben und ihre Geschäfte freundlich fett und sorglos führen, ist ein Himmelreich, das wir nie in Europa, höchstens in Würzburg haben.

So ist der Franke. Man kann seinen Humor sogar an Hausfronten ablesen, so wie in Dinkelsbühl:

> Drum kümmre ich mich nichts darum
> Und laß die Leute klügeln,
> Kann ich ja doch nicht jedermann,
> Das lose Maul verriegeln.
> Ich kann nicht besser leben,
> Als daß ich dazu lach;
> Dann haben ihre Müh,
> Sie sich umsonst gemacht!

Und im Bamberger Land sagte einst der als Philosoph weithin bekannte »Pettstadter Schmied«:

> »So bin ich! Do hast mich! Gut' Nacht, Herrgott!«

Das Standesbewußtsein der Franken reicht über das irdische Paradies, das sie sich in vielen Jahrhunderten mit zielstrebiger Beharrlichkeit geschaffen haben, weit hinaus. »Omnis franco nobilis« soll auch in der Ewigkeit gelten.

In Himmel nei

> Sogor in Himmel nei
> welln mir bonaner (beieinander) blei! (bleiben)
> Wenns ner a Platzla git,
> dort, wu ma Schatzla it!
> I schlog euch alles krumm,
> wenn ih dortnou (dorthin) nit kumm.

Ernst Luther, Unterfranken

Und Johann Wolfgang Goethe packte im Jahre 1797 seine Reisetasche, verabschiedete sich von seinen Freunden und nannte lächelnd sein Reiseziel. Was er in seinem »Faust« zitieren läßt, war ihm Anlaß genug, nach Franken zu fahren:

»Ich bin des trock'nen Tons nun satt!«

Aus its und gor its
und nix mer it drou,
waarsch (wer es) länger will howa,
fang vo vorn nomal ou!

Quellen- und Literaturverzeichnis

Das vorliegende Buch wurde aufgrund eigener Beobachtungen, Notizen und Studien geschrieben. Die nachfolgend angeführten Bücher sind zum Teil nur für Dialektvergleiche benutzt worden.

Übernommene Texte tragen Buchtitel oder Verfassernamen. Wer sich für Franken und seine besonderen Dialekte interessiert, wird in dem Buchverzeichnis ein nützliches Hilfsmittel erkennen.

1 Bach, Adolf: DEUTSCHE MUNDART-FORSCHUNG. Verlag Carl Winter, Heidelberg 1950.

2 Christoffel, Carl: WEINLESEBUCH. Prestel-Verlag, München 1970.

3 Dallhammer, Hermann: HAMM WENNI KUMM. Ansbacher Wörterbuch 1969.

4 Dauthendey, Max: GESAMMELTE NOVELLEN UND ROMANE. Albert Langen/Georg Müller, München.

5 Dauthendey, Annie: WÜRZBURG IN DER DICHTUNG MAX DAUTHENDEYS. Konrad Triltsch, Würzburg 1936.

6 Dehler, Thomas: LOB AUF FRANKEN. Glock und Lutz, Nürnberg 1967.

7 Dienel, Werner-Martin: WO KOCHER, JAGST UND TAUBER FLIESSEN. Hohenloher Druck- und Verlagshaus, Gerabronn 1963.

8 Dietz, Alfred: DIE LÖWENWÄSCHE. (Schmunzelgeschichten) Hohenloher Druck- und Verlagshaus, Gerabronn 1970.

9 Dünninger, Franz: FRÄNKISCHE MUNDARTDICHTUNG. Frankenbund 1957.

10 Frank, Leonhard: DIE RÄUBERBANDE. DAS OCHSENFURTER MÄNNERQUARTETT. Nymphenburger Verlagshandlung, München. Aufbau Verlag, Berlin 1952.

11 Fuchs, Wilhelm: MAINFRÄNKISCHE MUNDARTPOETEN. Julius Hansen, Schweinfurt 1954.

12 Genée, Rudolph: HANS SACHS UND SEINE ZEIT. J. H. Weber, Leipzig 1894.

13 Gutöhrlein, Friedrich: JUGENDLAND. Hohenloher Druck- und Verlagshaus, Gerabronn 1970.

14 Heim, Georg: HEITERE GESCHICHTEN. Verlag Kösel-Pustet, München 1924.

15 Heß-Englert, Mary: MIR FRANKEN. Stürtz-Verlag, Würzburg.

16 Hetzelein, Georg: GOETHE REIST DURCH FRANKEN. Glock und Lutz Verlag, Nürnberg 1968.

17 Hirsch, Anton: MUNDARTEN IM SPESSART. Geschichts- und Kunstverein Aschaffenburg, 1971.

18 Jann, Hans: REUTHER STÜCKLEIN. Meisterdruck, Lichtenfels 1955.

19 Ketterer, Hermann: DAS FÜRSTENTUM ASCHAFFENBURG. Götz Werbrunn, Aschaffenburg 1914

20 Kleinlein, Lothar: KA GSCHMARRI NED. Relief-Verlag, München 1972.

21 Kommerell, Max: JEAN PAUL. Vittorio Klostermann, Frankfurt 1957.
22 Kraemer, Ado: GREIF ZUM GLASE. FRAG DEN WEIN. Stürtz-Verlag, Würzburg 1967.
23 Kram, Joseph: KRAUT UND ARBES. Adolf Bonz-Verlag, Stuttgart 1892.
24 Kupfer, Konrad: HEITERE ALTFRÄNKISCHE GESCHICHTEN. Lorenz Spindler, Nürnberg 1964.
25 Luther, Ernst: ALTE FRÄNKISCHE VOLKSREIME. R. Oldenbourg-Verlag, Berlin 1925.
26 Maas, Herbert: NÜRNBERGER WÖRTERBUCH. Verlag Nürnberger Presse, 1962.
27 Mahr, Otto: DAS VOLKSLIED IM BÄUERLICHEN LEBEN DER RHÖN. Verlag Moritz Diesterweg, Frankfurt 1936.
28 Meidinger-Geise, Inge (Herausgeber): FRÄNKISCHES LESEBUCH (Ohne Denkmalschutz).
29 Möckl, Franz: FRÄNKISCHES LIEDERBUCH. Bosse-Edition, Regensburg 1963.
30 Newald, Richard: PROBLEME UND GESTALTEN DES DEUTSCHEN HUMANISMUS. Verlag Walter de Gruyter, Berlin 1963.
31 Niebler, Wenzl: MUTTERSPRACHE, MUTTERLAUT. Buchdruckerei Laßleben, Kallmünz.
32 NÜRNBERGER PARNASS (Mundartdichtung im XIX. Jahrhundert). Glock und Lutz, Nürnberg 1969
33 NÜRNBERGER LUGINSLAND (Anthologie jüngster Mundartdichtung). Glock und Lutz Verlag, Nürnberg 1969.

34 Recknagel, G.: HERZGEBOPPELTE DINGELCHER. Verlag Krebs'sche Buchhandlung, Aschaffenburg 1902.
35 Reichert Willi: BAUM DER ERKENNTNIS. Verlag Pius Halbig, Würzburg 1962.
36 Riedmüller, Hermann: ERLANGER VERSCHLI. Verlag Ludwig Müller, Erlangen 1970.
KLITSCHN UND KORABLUM. Frankenverlag, Feuchtwangen 1930.
37 Ruckert, Alois Josef: KURZWEIL. Adolf Bonz, Stuttgart 1901.
38 Rupp, Hanns: LACHENDES FRANKEN. Deutsches Kulturwerk, Kitzingen 1955.
39 Seiffert, Karl: SCHNITZ UND BACKELA. Wilhelm Saalfrank, Helmbrechts 1967.
40 Sieghardt, August: LACHENDES FRANKENLAND. Bayerische Verlagsanstalt, Bamberg 1951.
41 Scherf, Christoph: ASCHEBORGER KLÄNIGKEITE. Beobachter am Main, 1927.
42 Scherzer, Conrad: FRANKEN. Verlag Nürnberger Presse, 1959.
43 Schnack, Anton: WEINFAHRT DURCH FRANKEN. Süddeutscher Verlag München 1964. DIE BUNTE HAUSPOSTILLE. Paul List Verlag, Leipzig 1938.
44 Schnack, Friedrich: KLEINE AUSLESE. Heinrich Ellermann, Hamburg. GOLDGRÄBER IN FRANKEN. Inselverlag, Leipzig.
45 Schlauch, Rudolf: DER UNVERSIEGTE BRUNNEN. Hohenloher Druck- und Verlagshaus, Gerabronn 1963.

46 Staudacher, Wilhelm: ÜBER NEI-BEJ-TER-E-SCHROLL. J. P. Peter, Gebrüder Holstein, Rothenburg/Tbr.
47 Stadtbibliothek Nürnberg: 750 JAHRE FASTNACHT IN FRANKEN. (Katalog 1959).
48 Skasa-Weiß, Eugen: DEUTSCHLAND DEINE FRANKEN. Hoffmann und Campe, Hamburg 1971.
49 Schwinger, Barbara: MOI ASCHEBERG. Kolb-Verlag, Dettingen 1960.
50 Trockenbrodt, Gustav: ASCHEBERGER SPRÜCH. Verlag Krebs'sche Buchhandlung, Aschaffenburg 1929.
51 Verband fränkischer Schriftsteller: PLURAL 1, 2 und 3. Wettin-Verlag, Kirchberg/Jagst.
52 Wankmüller, Manfred: SCHLITZ-ÖHRIGE GESCHICHTEN. Hohenloher Druck- und Verlagshaus, Gerabronn
53 Wassermann, Jakob: FRÄNKISCHE ERZÄHLUNGEN. Verlag S. Fischer, Berlin 1925.
54 Zottmann, Gretl: DAS HÜHNERAUGE. Hohenloher Druck- und Verlagshaus, Gerabronn 1967.
55 Zull, Johann: HOFER SCHNITZ. Selbstverlag, Hof.

Herkunftsnachweis

S. 9 »Lachendes Bamberg« v. Hans Morper; S. 16 »Ereignis« aus »Fränkisches Volksblatt«, 26. 7. 1972; S. 20 »Öffnungszeiten« aus »Main-Echo«, Nr. 131, 1971; »Die Zeitung berichtet« aus »Fränkisches Volksblatt«, 28. 7. 1971; S. 22 »Wasserbraut« aus »Main-Echo«, 1. 6. 1954; S. 28 (43); S. 30 »Koorle« (45); S. 31 »Freunde« (22); S. 31 »Bäcks« aus »Generalanzeiger«, 1. 8. 1925; S. 55 »Mundart« aus »Stimme Frankens« 6/1966; S. 58 »Ein neu Gespiel«, A. Klein-Verlag, Leipzig; S. 61 (7); S. 62 (52); S. 72 (39); S. 72 »Ein Wunder« aus »Fränkisches Volksblatt«, 15. 10. 1956; S. 83 »Schildbürger« aus »So ist der Nürnberger« v. K. Stoye; S. 99 »Krausenbach« aus »Main-Echo«, 27. 7. 1972; S. 108 »Episode« aus »Mainfränkische Mundartpoeten«, Schweinfurt; S. 109 »Salat« aus »Lachendes Bamberg«; S. 113 »Sunntog« aus »Frankenbuch« Würzburg, 1921; S. 136 (43).